초거대 인공지능

인공지능총서

인공지능 시대입니다. 기계가 인간의 인지를 대신하고, 사물이 인간을 통하지 않고 다른 사물과 직접 커뮤니케이션합니다. 이에 따른 인간 삶과 문명 변화를 정확히 이해 · 예측 · 대응하는 것은 이 시대 우리 모두의 과제입니다. 인공지능총서는 인공지능 기술과 환경의 여러 주제를 10가지 키워드로 정리합니다. 관련 개념과 이론, 학계와 산업계의 쟁점, 우리 일상의 변화를 다룹니다. 인간과 기술의 현재, 미래를 세심히 분석합니다.

일러두기

- 인명, 작품명, 저서명, 개념어 등은 한글과 함께 괄호 안에 해당 국가의 원어를 병기했습니다.
- 외래어 표기는 현행 어문규정의 외래어표기법을 따랐습니다. 다만 '딥러닝', '딥마인드', '딥페이크' 등은 관행을 따랐습니다.

초거대 인공지능

전원

대한민국, 서울, 커뮤니케이션북스, 2024

초거대 인공지능

지은이 전원
펴낸이 박영률

초판 1쇄 펴낸날 2024년 12월 30일

커뮤니케이션북스(주)
출판 등록 2007년 8월 17일 제313-2007-000166호
02880 서울시 성북구 성북로 5-11
전화(02) 7474 001, 팩스(02) 736 5047
commbooks@commbooks.com
www.commbooks.com

ISBN 979-11-7307-353-3 03500

책값은 뒤표지에 표시되어 있습니다.

차례

인공지능의 거대화

사람이 다른 동물과 가장 크게 다른 점을 꼽으라면 첫 번째로 높은 지능을 들 수 있다. 다른 동물 중에서도 사람처럼 무리 지어 사회적이고 협동적인 활동을 하는 동물은 많지만, 사람만큼 각 개인이 복잡한 지능을 가진 동물은 찾아볼 수 없다. 인간 사회는 지적 능력을 바탕으로 각종 도구를 만들어 사람보다 신체 조건이 우수한 동물들을 이겨내고 생태계의 지배자가 될 수 있었으며, 눈부신 과학기술 발전을 이룩해 현대 문명을 일구어왔다. 그렇게 지능을 기반으로 발전된 기술로 이제는 기계 위에 인공적인 지능을 만들고자 노력하고 있다.

인공지능에서 말하는 지능은 어떻게 정의할 수 있을까? 우리가 일상생활에서 사람의 지능을 말할 때는 지능을 단순히 기억 능력이나 창의력 등 좁은 의미로 한정 짓지 않는다. 미국의 심리학자 하워드 가드너(Howard Gardner)는 다중지능이론을 주장하며 사람의 지능을 언어지능, 논리수학지능, 음악지능, 신체운동지능, 공간지능, 대인관계지능, 자기성찰지능, 자연친화지능 등 여덟

가지로 분류했다. 사람이 인간 사회에서 살아가는 데는 이처럼 다양한 지능이 필요하다. 하지만 우리가 사람에게 도움이 되는 '도구'로써 만드는 인공지능에 이처럼 복잡한 지능이 필요하지는 않다.

1950년대에 처음으로 인공지능을 논의할 때부터 위와 같이 지능이 무엇인지, 기계에 지능이 생긴다면 어떤 의미의 지능일지 등 다소 철학적인 정의가 이미 이루어져왔다. 인공지능(artificial intelligence)이라는 단어는 1956년에 개최된 다트머스 회의(Dartmouth workshop)에서 처음 사용되었다. 해당 회의에는 존 매카시(John McCarthy), 마빈 민스키(Marvin Minsky), 클로드 섀넌(Claude Shannon) 등 이후 수많은 연구 업적을 남기는 위대한 수학자와 과학자들이 한데 모여 6주에서 8주 동안 자유롭게 의논하며 인공지능의 개념을 구체화했다. 특히, 인공지능이라는 단어를 처음 제안한 사람은 매카시인데, 그는 이후 인공지능에서 의미하는 지능이 무엇이냐는 질문에 "지능은 세상에서 목표를 달성하는 능력의 계산적 부분이다. 사람, 동물, 일부 기계에는 다양한 종류, 정도의 지능이 있다"라고 대답했다(McCarthy, 2007).

목표를 달성하는 능력의 계산적인 부분. 지능을 이렇

게 정의하고 보면, 컴퓨터와 기계에 지능을 만들어 주는 것이 가능할 수도 있겠다는 생각이 든다. 기계, 특히 컴퓨터가 놀라운 속도로 발전하면서 우리는 다양한 임무(목표)를 컴퓨터에 맡기고 있다. 컴퓨터 하드웨어 성능의 발전과 소프트웨어 기술의 발전은 모두 사용자의 편의성에 기여하고 있다. 그 덕분에 클릭 몇 번으로 최신 뉴스와 영상을 볼 수 있고 복잡한 업무와 계산에 도움을 받을 수 있다. 그 물밑에서 1초에 수십억 번의 계산이 어떻게 일어나는지 알지 못해도 된다.

하지만 여전히 기존 컴퓨터가 해주지 못하는 일은 너무 많고, 우리는 컴퓨터와 기계에 더 편리하게, 더 많은 일을 시키고 싶다. 간단히 만든 그래프만으로 보고서나 발표 자료를 대신 만들어 주고, 대략 선으로 그린 그림을 수채화로 묘사해 주기를 바란다. 내가 찍은 사진 수만 장 중 고양이 사진만 모아서 정리해 주고, 회사에 보낼 메일을 대신 써줬으면 한다. 이왕 더 전문적으로 프로그램 코딩도 대신해 주고, 작사나 작곡도 해줬으면 좋겠다. 그러한 업무를 위해 계산이 1초에 수십조 번 일어나도 상관없다. 하지만 이런 일들은 지나치게 비정형적이다. 사람과 정반대로 컴퓨터에서 숫자를 1억 개 더하기는 아주 쉽지만, 사진 속 사물이 고양이인지 책상인지를 알기는 매우 어려웠다. 이처럼 컴퓨터가 기존에는 달성하지 못하던 '목표'들을 이제는 달성할 수 있도록 컴퓨터의 '능력의 계산적인 부분'을 향상해 나가는 것이 컴퓨터 지능의 발전, 즉 인공지능의 발전이다.

1950년대에 시작된 인공지능에 대한 논의는 1990년대까지 발전과 침체기를 겪으며 여러 철학적 · 이론적 배경을 남겼다. 하지만 당시의 컴퓨터 시스템은 너무 느렸고, 대규모 학습에 필요한 데이터도 없었다. 당시의 컴퓨터로 최신 인공지능 모델을 학습하려면 우주의 나이보다 긴 시간이 필요했다. 아직 거대 인공지능이 등장하기에는 시대가 너무 일렀다.

당시 논의 과정에서, 미국의 철학자 존 설(John Searle)은 미래에 등장할 인공지능을 약한 인공지능과 강한 인공지능으로 분류했다. 약한 인공지능은 특정하게 한정된 범위의 목표를 이루려고 만들어져 자유의지 없이 해당 목표만 수행할 수 있는 인공지능을 뜻한다. 약한 인공지능에 속하는 바둑 인공지능은 바둑은 잘 두지만 그림은 그릴 수 없고, 사진 속 물체를 파악하는 인공지능은 글을 쓸 수 없다. 반면, 강한 인공지능은 인간처럼 의지와 의식이 있어 분야를 가리지 않고 지적 활동을 할 수 있는 인공지능이다. 여기서 의지와 의식은 아직 철학, 종교, 윤리, 과학적으로도 더 깊은 논의가 필요하며 인공 의식을 기계에 어떤 방식으로 구현할지도 미지수다. 반면, 모든 분야에 적용할 수 있는 인공지능은 일반인공지능(artificial general intelligence, AGI)으로 불리며, 그 구현 방법과 등장 시기가 논의되고 있다. 이처럼 오랜 시간 이론의 영역에만 머물렀던 인공지능들이 일상에 등장하기 시작한 배경에는 어떤 것들이 있을까?

현대의 인공지능은 컴퓨터의 놀라운 성능 향상과 인터넷에서 전 세계 사람들이 만들어내는 거대한 데이터를 기반으로 발전할 수 있었다. 특히, 많은 인공지능 기술이 인공신경망 구조를 기반으로 이루어져 있는데, 인공신경망은 동물의 신경계, 뉴런과 시냅스를 모방하여 만든 알고리즘이다. 이 인공신경망 구조의 크기를 점점 더 거대하게 만들면서 기존 컴퓨터가 할 수 없었던 복잡한 기능을 가능하게 만들고 있다.

대부분 기술이 그렇듯이 인공신경망 기술도 아주 작은 목표를 달성하려는 약한 인공지능으로 시작했다. 1989년 얀 르쿵(Yann LeCun)이 개발한 르넷-1(LeNet-1)은 인공신경망 구조를 활용해 손 글씨로 쓰인 숫자가 포함된 사진을 읽어 숫자를 알아내는 기능을 지녔다. 2012년 알렉스 크리젭스키(Alex Krizhevsky)가 발표한 알렉스넷(AlexNet)은 사진 속 물체를 보고 1000개의 서로 다른 사물 이름 중 해당하는 것을 찾아 맞힐 수 있었다. 2023년 오픈AI(OpenAI)에서 발표한 GPT-4는 사람의 언어를 이해하여 복잡한 글을 읽고 쓸 수 있으며, 사진 속 물체의 이름뿐 아니라 상황을 파악하고 그것을 다시 글로 표현할 수 있다. 이처럼 인공신경망의 기능이 확장됨에 따라 르넷에 필요한 컴퓨팅 규모를 1이라고 했을 때, 알렉스넷은 약 2만 배, GPT-4는 5억 6000만 배의 규모를 지니게 되었다.

아직 크기의 기준이 명확히 정해지지는 않았지만 GPT-4와 같이 초기 인공신경망과 비교하여 거대해진 인공신경망 구조를 지닌 모델을 초거대 인공지능이라고 한다. 특히, 초거대 인공지능에는 개인의 소규모 컴퓨터 시스템에서도 학습할 수 있었던 기존 인공지능과 달리 슈퍼컴퓨터 규모의 학습 환경이 필요하다. 그리고 이렇게 거대해진 인공지능은 놀랍게도 앞서 사람이 컴퓨터에 맡기고 싶어 하는 일로 예를 든 업무를 모두 수행하고 있다. 챗GPT(ChatGPT)는 간단히 만든 그래프만으로 보고서를 써주고, 감마(Gamma)는 발표 자료를 대신 만들어 주며, 갤럭시 AI(Galaxy AI)는 선으로 대략 그린 그림을 수채화로 묘사해 준다. 구글 포토(Google Photo)는 내가 찍은 사진 수만 장 중 고양이 사진만 모아서 정리해 주고, 챗GPT는 회사에 보낼 메일을 대신 써 준다. 코덱스(Codex)는 프로그램 코딩을 대신해 주며, 챗GPT는 작사를 해 주고, 뮤직엘엠(MusicLM)은 작곡을 해 준다.

손 글씨를 인식하는 기능으로 시작한 인공신경망은 규모가 거대해지는 과정에서 놀랍고 복잡한 기능을 갖추게 되었다. 그런데도 여전히 각 인공지능 모델은 한정된 범위의 목표에 한정된 기능을 하는 약한 인공지능으로 분류된다. 그렇다면 지금까지 인공지능의 규모를 키워 왔듯이, 크기가 더 거대한 인공신경망이 되면 다음 단계의 인공지능 기술로 나아갈 수 있지 않겠냐는 생각이 자연스럽게 든다. 실제로, 여러 다양한 기능을 통합하여 한 가지 모델에서 구현함으로써 '한정된 목표'에서 벗어나고 AGI에 도달하는 것은 상대적으로 가시적인 목표로 보인다. 하지만 기계에 자유의지와 인공 의식을 만들어 주고, 사람처럼 생각하면서 학습하고, 결과적으로 한계에서 벗어나 초지능으로 나아갈 강한 인공지능에 도달하기까지는 아직 갈 길이 멀어 보인다. 최신 인공지능 모델의 바로 다음 단계에서 이루어질지, 아니면 지금의 컴퓨터 기술로도 또다시 우주의 나이보다 긴 시간이 필요할지는 알기 어렵다.

이 책에서는 초거대 인공지능이 뜻하는 의미와 그 등장 배경을 설명하고, 인공지능 기술의 발전 과정을 따라가면서 세상을 다양한 모습으로 바꾸고 있는 인공지능 모델들을 알아본다. 또한 초거대 인공지능이 등장할 수 있게 해준 각종 하드웨어 반도체 기술을 설명하고, 특히 어떤 그룹에서 어떤 기술로 인공지능 시장을 이끌고 있는지를 다룬다. 초거대 인공지능이 지금처럼 거대해질 수 있었던 방향을 계속 이어 나갈 수 있을지, 그 끝에는 어떤 변화가 기다리고 있을지를 생각해 본다.

참고문헌

McCarthy, J.(2007). What is artificial intelligence?. CA, Stanford University.

01
인공지능 규모 이해하기

초거대 인공지능에서 인공지능이 거대하다는 것은 어떤 의미일까? 인공적으로 만들어진 지능이 작거나 크다는 것이 어떤 기술적 의미인지를 기초적인 인공지능 계산으로 알아본다. 또한 초기 인공지능과 비교했을 때 초거대 인공지능이 얼마나 거대한지 정리했다.

인공지능 속 계산

인공지능은 사람이 인위적으로 만들어 낸 지성체를 포괄하는 개념이다. 그러나 현시대의 인공지능은 주로 컴퓨터 시스템을 기반으로 한 인공신경망 모델을 이용해 한정된 분야에서 추론, 분류, 인지, 학습 등의 역할을 수행하는 소프트웨어 프로그램, 서비스와 시스템을 의미한다. 메타(Meta)에서 2024년 7월에 발표한 거대 언어 모델 LLaMA(large language model Meta AI) 3.1 버전의 405B 모델은 엔비디아(NVIDIA)의 H100 GPU(graphics processing unit, 그래픽 처리 장치) 1만6384개로 구성된 컴퓨팅 시스템에서 학습되었다(Meta, 2024). 이 컴퓨팅 시스템은 GPU의 가격만으로도 예산 약 8200억 원이 필요하며, 1초에 최대 약 65엑사(65×10^{18}, 6500경) 번의 연산을 수행할 수 있다. 기존에는 이러한 규모의 컴퓨팅 시스템이 주로 기상 예측 등 대규모 연산을 해야 하는 슈퍼컴퓨터와 데이터 센터에서 사용되어 왔다. 그렇다면 인공지능과 인공신경망에는 어떤 데이터와 연산이 필요하기에 이토록 대규모 컴퓨팅 시스템이 사용되고 있을까?

인공신경망은 동물의 신경계와 신경세포, 즉 뉴런과 시냅스의 작동 방식을 모방한 연산 구조로, 다수의 노드

(node)가 서로 연결된 형태로 되어 있다. 가장 기초적인 인공신경망의 노드는 여러 입력 데이터를 받아 각 데이터에 가중치(weight)를 곱한 후 이를 모두 더하여 최종 결괏값이 특정 값(역치, threshold)을 초과하는지를 판단함으로써 입력 데이터를 추론하거나 분류하는 일 등을 수행한다. 예를 들어, 노드의 결괏값은 다음과 같이 계산할 수 있다.

결괏값 = 입력 1 × 가중치 1 + 입력 2 × 가중치 2

다소 지루할 수 있는 수학 계산이지만, 사람의 키와 몸무게를 입력으로 받아 그 사람이 어른인지 어린이인지 판단하는 인공신경망 노드를 수학으로 설계해 보자. 0cm에서 200cm의 키를 0에서 1.0 사이의 값으로, 0kg에서 200kg의 몸무게를 0에서 1.0 사이의 값으로 변환할 수 있다. 이때 해당 노드는 키와 몸무게의 초기 가중치를 0.3으로 설정하고, 역치는 0.5로 두어 최종 결괏값이 0.5보다 크면 어른, 작으면 어린이로 판단한다.

이제 사람 A(180cm, 80kg, 어른)와 B(120cm, 30kg, 어린이)에 관한 판단을 해당 노드로 해 보자. A의 경우, 0.9 × 0.3 + 0.4 × 0.3 = 0.27 + 0.12 = '0.39'의 값이 나오며, B의 경우 0.6 × 0.3 + 0.15 × 0.3 = 0.18 + 0.045 = '0.225'의 값이 나온다. 이 노드의 역치는 0.5이므로, 최

종 계산 값이 0.5보다 커야 어른으로 판단할 수 있다. 그러나 예시에서는 A와 B 모두 역치보다 값이 작아 둘 다 어린이로 판단되었다.

B에 대한 추론은 맞았지만 A에 대한 추론은 틀렸으므로 키나 몸무게의 가중치를 조정할 필요가 있다. A의 결괏값이 너무 낮아 잘못 추론했으므로 가중치를 높여야 한다는 것을 우리는 직관적으로 알 수 있다. 키와 몸무게의 가중치를 0.5로 높여 다시 계산해 보면, A는 '0.65', B는 '0.375'의 값을 얻어 각각 A는 어른으로, B는 어린이로 올바르게 판단할 수 있다.

이 예시는 인공신경망의 한 노드가 입력된 데이터를 기반으로 디지털 계산을 해서 단순한 추론을 수행하고, 학습으로 가중치를 업데이트하는 과정을 단순화하여 설명한 것이다. 이 과정에서 입력된 키와 몸무게 값을 가중치와 곱하고 역치를 넘었는지 판단하는 과정을 추론(inferencing)이라고 하며, 추론 결과에 따라 가중치를 업데이트하는 과정을 역전파(back propagation)라고 한다. 이 전체 과정을 반복하여 최적의 가중치 값을 찾아가는 과정을 학습(training)이라고 정의할 수 있다.

예시의 단순한 노드에서는 키와 몸무게만 사용했지만, 현실에서는 나이를 모를 때 여러 수치를 기반으로 어른과 어린이를 구분 짓는 방법이 훨씬 복잡할 것이다. 성별이나 국적에 따라 키와 몸무게에 차이가 있을 수 있으며 혈압, 혈당, 피부 노화 정도 등 다양한 데이터가 유기적으로 영향을 주면서 어른과 어린이를 판단하는 인공신경망에 활용될 수 있다. 입력 데이터의 종류가 많아짐에 따라 입력값은 벡터의 형태로 표현되고, 각 입력값이 가중치와 곱해져 더해지는 과정을 거쳐 벡터 간의 내적 연산을 수행하게 되며, 이로써 인공신경망 노드의 결괏값을 구할 수 있다.

실제 인공신경망에서는 훨씬 더 많은 종류의 데이터와 가중치가 다차원 벡터 형태로 여러 노드에 존재하며, 이에 따라 대부분 연산이 벡터 간의 내적 연산을 확장한 형태인 행렬 간의 곱셈 연산으로 수행된다. 인공신경망의 구조가 복잡해지고 더 발전함에 따라 삼각함수, 제곱근, 지수, 로그 등 다양한 계산이 필요해졌지만, 여전히 인공지능 계산에서 가장 큰 비중을 차지하는 연산은 행렬 간의 곱셈이다. 이에 따라 인공지능에 사용되는 GPU와 최근 개발되고 있는 다양한 인공지능 전용 반도체들은 모두 행렬 곱 연산을 효과적으로 가속할 수 있는 구조로 설계되고 있다.

증가하는 인공지능 규모

인공지능에서 말하는 '규모'는 무엇을 의미하며, 작은 인공지능, 큰 인공지능, 더 나아가 초거대 인공지능은 어떤 기준으로 결정될까? 인공신경망 모델이 설계되고 학습이 완료되면, 각 인공신경망 노드에는 가중치와 편향(bias) 등 해당 노드에서 필요한 연산을 수행하는 파라미터(parameter)가 저장된다. 앞서 소개한 어른 또는 어린이를 판단하는 인공신경망 노드에서 0.5의 값을 가진 가중치 값 등이 파라미터의 일종이다. 이러한 파라미터는 파일 등의 형태로 저장되며, 이후 추론 과정을 거칠 때 이 파라미터를 불러와 각종 연산을 수행한다. 인공신경망의 파라미터 개수가 많아질수록 용량이 더 큰 메모리 시스템이 필요하고, 더 많은 연산을 처리할 고성능 컴퓨팅 시스템이 요구된다. 즉 인공지능의 규모는 일반적으로 인공신경망 모델이 추론·학습을 수행하는 데 필요한 파라미터의 수와 이에 따른 컴퓨팅 연산의 크기를 의미한다.

앞서 어른과 어린이를 판단하는 인공신경망의 예시는 단일 노드에 관한 것이었다. 그러나 실제로 복잡한 추론 기능을 수행하는 인공신경망은 여러 노드가 병렬로 배치되어 하나의 층(layer)을 이루며, 다수의 층이 순차적으로 연결되어 신경망을 형성한다. 사용자의 입력 데이터를 받는 입력층과 최종 결과를 내는 출력층 사이에는 사용자에게 보이지 않는 은닉층(hidden layer)이 다수 존재할 수 있다. 이러한 층이 많아질수록 인공신경망은 심층학습(deep learning)의 형태를 갖추게 되며, 연산량과 규모도 급격히 증가하게 된다.

초창기의 인공신경망 모델 중 하나인 르넷(LeNet)은 1989년 얀 르쾽이 처음 제안한 이후 꾸준한 개선을 거쳐 1998년에 르넷-5가 발표되었다. 르넷-5는 손으로 쓰인 숫자가 포함된 이미지를 입력으로 받아 해당 숫자를 인식하는 합성곱 인공신경망(convolutional neural network, CNN)으로, 총 7개 층과 약 6만 개 파라미터를 지닌다 (LeCun, 1998). 르넷-5가 발표된 지 약 25년이 지난 2024년, 라마(LLaMA) 3.1의 405B 모델은 126개 층과 약 4050억 개 파라미터를 지니고 있다. 또한 오픈AI(OpenAI)의 GPT-4 모델은 약 1.7조 개의 파라미터를 지닌 것으로 알려져 있다. 이를 비교해 보면, 인공지능의 규모는 25년간 라마 3.1과 GPT-4 모델에서 각각 약 670만 배, 3000만 배 증가했다고 할 수 있다. 이렇게 규모가 증가한 인공지능은 초기의 단순한 손 글씨 이미지 인식에서 벗어나 복잡한 맥락을 이해하고, 이미지 속 유머를 인식하며,

단순한 이해와 추론을 넘어 새로운 내용을 생성하는 수준으로 발전하게 되었다.

인공지능의 규모가 과거에 비해 이처럼 거대해질 수 있었던 이유는 크게 두 가지로 나뉜다. 첫째는 컴퓨팅 시스템의 성능 향상이다. 정보통신업계에는 '앤디와 빌의 법칙'이라는 재미있는 법칙이 있다. 이는 1990년대 당시 인텔(Intel)의 최고경영자(CEO) 앤디 그로브(Andy Grove)와 마이크로소프트(Microsoft)의 CEO 빌 게이츠(Bill Gates) 사이의 관계를 표현한 "앤디는 주고, 빌은 빼앗는다"라는 농담에서 유래했다. 당시 인텔이 아무리 성능 좋은 프로세서를 개발해도 마이크로소프트의 윈도우즈(Windows) 등 소프트웨어에 필요한 성능 요구는 더 빠르게 증가했기 때문에 생긴 이야기다.

1998년에 이루어진 르넷-5 학습 과정은 6만 개 파라미터를 처리하는 데에 MIPS R10000 CPU(central processing unit, 중앙 처리장치) 한 대를 사용해 2~3일의 연산이 필요했다. 반면, 라마 3.1은 다수의 엔비디아 H100 GPU를 사용해 학습되었는데, H100 GPU 하나는 MIPS R10000 CPU에 비해 약 125만 배의 연산 성능을 지녔다. 32비트 부동소수점 연산을 기준으로 R10000 CPU가 1초에 4억 번 연산을 수행할 수 있는 반면, H100 GPU는 1초에 500조 번 TF32(TensorFloat32, 부동소수점의 일종) 연산을 수행할 수 있다(Yeager, 1996; NVIDIA, 2023).

이처럼 '앤디'는 25년 동안 단일 컴퓨팅 장치 성능을 125만 배나 향상했지만, '빌'은 여전히 그것만으로는 부족하다는 듯이 라마 3.1의 405B 모델을 학습하는 데 1만 6384개의 H100 GPU를 약 54일간 사용해야 했다. 그럼에도 이러한 컴퓨팅 성능의 발전이 없었다면 초거대 인공지능의 학습은 불가능했을 것이다. 단순 계산해 보면, R10000 CPU 하나로 라마 모델을 학습하려면 30억 년이 걸렸을 테니 말이다.

인공지능의 규모가 커질 수 있었던 둘째 이유는 인류의 데이터 생산량이 급격히 증가한 것이다. 21세기 들어 전 세계적으로 인터넷 보급과 사용이 활발해지고, 2010년대 이후에는 스마트폰 보급률이 높아져 사람뿐 아니라 사물인터넷까지 널리 사용되기 시작하면서 사람과 사물이 만들어 내는 데이터의 양이 급증하고 있다.

다양한 인공지능 모델을 학습하려면 양질의 데이터가 대량으로 필요하다. 거대 언어 모델을 학습하려면 위키피디아, 웹 블로그, 논문, 책 등 양질의 텍스트 데이터가 필요하며, 시각 인공지능 학습에는 다양한 사진과 영상 데이터가 요구된다. 질 낮은 데이터로 학습된 인공지능 모델은 문법이나 맥락에 맞지 않는 텍스트를 생성하거나, 이미지 인식을 잘못하는 등 오류가 발생할 가능성이 커진다. 따라서 초거대 인공지능 모델을 학습하는 과정에서 양질의 데이터를 대량으로 수집하고 정리하는 작업은 매우 중요하다. 인류가 생산하는 데이터의 양이 충분하지 않았다면 이 작업은 훨씬 더 어려웠을 것이다.

결국, 폭증하는 데이터와 이를 처리해 지식으로 변환할 수 있을 만큼 성능이 강력한 컴퓨팅 시스템이 인공지능의 성장을 뒷받침했다. 초거대 인공지능의 등장은 이 두 요소를 바탕으로 가능해졌다.

참고문헌

Lecun, Y., et al.(1998). Gradient-based learning applied to document recognition. in *Proceedings of the IEEE*, 86(11), 2278~2324.

Meta(2024). Introducing Llama 3.1: Our most capable models to date. https://ai.meta.com/blog/meta-llama-3-1/

NVIDIA(2023). NVIDIA H100 tensor core GPU architecture: Exceptional performance, scalability, and security for the data center. https://resources.nvidia.com/en-us-tensor-core/gtc22-whitepaper-hopper

Yeager, K. C.(1996). The MIPS R10000 superscalar microprocessor. *IEEE Micro*, 16(2), 28~41.

02

시각 인공지능과 초기 언어 인공지능

초기 인공지능에 대한 폭발적인 관심과 급속한 기술 발전은 그림, 사진 등을 처리하는 시각 인공지능으로 시작되었다. 수십 년 전부터 제안되어 온 인공신경망 구조가 재조명된 배경을 알아본다. 아울러 여러 기술적 한계가 존재했던 초기 언어 인공지능을 소개한다.

기계가 눈을 뜨게 된 과정

사람의 시각 능력은 단순히 카메라로 이미지를 촬영한다고 얻어지는 것이 아니다. 컴퓨터나 기계가 시각을 바탕으로 세상을 이해할 수 있게 만드는 기술인 컴퓨터 비전(computer vision) 분야는 인공지능 등장 전과 후를 기준으로 그 발전 속도와 기술 적용 방식이 크게 나뉜다.

인공지능 이전의 컴퓨터 비전 기술은 이미지와 비디오 데이터를 분석하고 처리하고자 인간이 설계한 규칙을 기반으로 픽셀 단위에서 색상, 모양, 물체의 경계 등을 분석해 사물을 인식하려는 기법들의 모음이었다. 이러한 기법에는 가장자리 검출, 히스토그램 분석, SIFT(scale-invariant feature transform), SURF(speeded up robust features) 같은 특징점 추출 기법들이 포함된다(Lowe, 2004; Bay, 2008).

그러나 인공지능 이전의 기법들은 사람이 직접 규칙을 설계하는 알고리즘의 특성상 확장성과 유연성이 부족했다. 그로써 하나의 영상에서 같은 물체를 인식하더라도 조명 조건이 바뀌거나, 물체가 회전하거나, 크기가 변하는 등의 변화가 있을 때 인식 성능이 크게 저하되는 문제가 있었다. 이러한 한계는 인공신경망 기반 컴퓨터 비전 기술이 발전하면서 급격히 극복되기 시작했다.

1980년대 후반, 얀 르쾽이 르넷을 발표하면서 인공신경망 기술, 특히 합성곱 인공신경망(CNN)이 컴퓨터 비전 분야에 도입되기 시작했다. 당시 CNN은 손으로 쓴 숫자 이미지를 인식하는 간단한 기능을 제공했지만, 연산량이 너무 많은 데다 프로세서 성능이 낮아 실질적인 이미지 사물 인식에 적용하기에는 어려움이 있었다.

르넷이 등장하고 수십 년이 지난 2012년, 알렉스넷(AlexNet)의 등장은 컴퓨터 비전 분야에 혁신적인 변화를 가져왔다(Krizhevsky, 2012). 매년 컴퓨터 비전 알고리즘의 성능을 평가하는 ILSVRC(ImageNet large scale visual recognition challenge)에서는 사물 인식 정확도를 두 가지 기준으로 평가한다. 첫째는 탑-1 정확도, 즉 알고리즘이 예측한 가장 높은 확률의 사물이 정답인지 확인하는 것이며, 둘째는 탑-5 정확도, 즉 상위 5개 예측 중에 정답이 포함되는지 확인하는 것이다. 알렉스넷은 2012년 대회에서 84.6%의 탑-5 정확도와 63.3%의 탑-1 정확도를 기록하며 1위를 차지했다(2위의 탑-5 정확도는 73.9%). 이 모델은 이미지 약 1200만 장을 학습 데이터로 사용하고 파라미터 약 6000만 개를 학습하여 사물 1000개를 구분할 수 있었다. 특히 알렉스넷은 GPU의 병렬 연산 성능을 CNN 연산 가속에 활용하여 높은 사물 인식 정확도를 달성할 수 있었다.

알렉스넷의 등장은 컴퓨터 비전뿐 아니라 인공지능 분야에서도 역사적인 사건으로 기록되었다. 이는 인공 신경망을 컴퓨터 비전에 적용하는 것이 효과적일 뿐 아니라, GPU와 같은 병렬 프로세서를 신경망 가속에 활용하는 것이 매우 유용하다는 사실을 입증한 사례였다.

알렉스넷 이후 인공지능 연구자들은 인공신경망의 깊이를 더욱 늘리며 사물 인식의 정확도를 개선하려고 노력했다. 이 과정에서 알렉스넷의 6000만 개였던 파라미터 크기가 VGG넷-19(VGGNet-19)에서 1억4300만 개로 증가하기도 했고, 8개였던 인공신경망의 층(layer)수는 레즈넷-152(ResNet-152)에서 152개로 확장되기도 했다(Simonyan, 2014; He, 2016). 반면, 모바일 장치나 임베디드 장치 같은 저전력 환경에서도 CNN을 사용할 수 있도록 경량화된 네트워크의 필요성이 대두되면서 연산량과 파라미터 수를 크게 줄인 모델도 등장했다(MobileNet). 이러한 발전으로 최근의 인공신경망은 사물 인식 분야에서 99% 이상의 탑-5 정확도와 90% 이상의 탑-1 정확도를 달성하게 되었다.

인공신경망 기반의 컴퓨터 비전 기술은 크게 이미지 분류(classification), 객체 탐지(object detection), 그리고 이미지 분할(segmentation) 세 가지로 구분할 수 있다. 첫째, 이미지 분류는 앞서 소개한 알렉스넷, VGG넷, 레즈넷과 같은 CNN 기반 모델들이 수행하는 기능으로, 주어진 이미지를 특정 사물(class)로 분류하는 기술이다. 예를 들어, 고양이, 개, 자동차 등 다양한 사물 중에서 입력된 이미지가 무엇에 해당하는지를 결정할 수 있다. 둘째, 객체 탐지는 하나의 이미지에 존재하는 여러 객체가 무엇인지 분류하고, 각각의 객체 위치를 파악하여 주로 상자 형태로 표시하는 기술이다. 단순히 객체를 분류하는 것에 더해 위치 정보까지 알아야 하므로 '이미지 분류'보다 더 복잡한 기술이다. 셋째, 이미지 분할은 객체 탐지에서 상자 형태로 위치가 대략 표시되는 것을 넘어 각 객체의 경계를 픽셀 단위로 세밀하게 구분하고 해당 객체가 어떤 사물인지 분류하는 기술이다.

이처럼 기계가 눈을 뜨고 사진에서 의미를 이해하는 과정에서 인공지능 기술과 GPU를 활용한 병렬 연산 기술이 적극적으로 활용되었으며, 이는 컴퓨터 비전 분야에 놀라운 기술 발전을 가져왔다. 그뿐 아니라, 이러한 발전은 컴퓨터 비전의 영역을 넘어 인공지능과 인공신경망 기술이 세상의 주목을 받게 하는 계기가 되었고, 이후 폭발적으로 등장하는 다양한 인공지능 기술의 도화

선이 되었다. 시각 인공지능의 발전은 자율주행 자동차와 드론이 등장할 수 있게 했으며, 미래 인공지능 로봇의 발전에도 중요한 밑바탕이 될 것이다.

순환 신경망 기반 언어 모델

언어 모델은 컴퓨터가 인간의 언어를 이해하고 생성할 수 있게 하는 핵심 기술 중 하나다. 언어 모델의 목표는 주어진 문장에서 단어나 문장의 순서를 예측하고, 문맥을 고려하여 통계적으로 가장 적절한 단어나 문장을 생성하는 것이다. 인공신경망이 등장하기 전에도 언어 모델에 관한 연구는 계속되어 왔으며, 주된 접근 방식은 통계적 방법(n-gram 언어 모델 등)에 기반을 두고 있었다. CNN이 컴퓨터 비전 분야에서 적극 활용되며 인공지능이 활발히 연구되기 시작하자, 언어 모델에도 인공신경망을 적용할 방법을 모색하기 시작했다.

순환 신경망(recurrent neural network, RNN)은 시계열 데이터와 순차적 데이터를 처리하는 신경망 구조다. 시각 인공지능에서 예로 든 알렉스넷과 같은 CNN 구조의 인공신경망은 입력 데이터의 길이가 고정되어 있으며, 크기가 고정된 사진에서 객체를 분석하고 사물을 인식하는 데 특화되어 있다. 그러나 CNN은 시간에 따라 연속성이 있는 순차적 데이터나 변동성이 있는 입력 데이터를 처리하는 데에는 적합하지 않다.

반면, RNN은 인공신경망 노드의 출력이 다시 입력으로 들어가는 재귀적 구조로 되어 있어 이전 단계의 정보를 기억하고 이를 기반으로 현재 출력을 계산할 수 있다. 이러한 순환 구조 덕분에 RNN은 순차적으로 입력되는 데이터(문장의 흐름)를 처리하면서 문맥이나 순서에 따른 의존성을 유지할 수 있다. 이 특성 덕분에 RNN은 문장에서 앞서 등장한 단어를 기억하고 이를 바탕으로 다음에 올 단어를 예측하는 언어 모델뿐 아니라 음성 인식, 언어 번역 등 다양한 분야에서 활용되었다.

RNN 구조는 순차적 정보를 잘 처리할 수 있지만, 실제 사용에서는 장기 의존성 문제(long-term dependency problem)를 겪는다. 이는 RNN에 재귀적으로 입력되는 과거의 정보가 점차 희미해져 먼 과거의 정보가 현재의 추론에 큰 영향을 미치지 못하는 문제를 의미한다. 그로써 문장이 지나치게 길어지면, 앞서 나온 단어들을 바탕으로 다음 단어를 예측하는 데 실패하는 상황이 발생할 수 있었다.

이러한 문제를 극복하려고 등장한 것이 LSTM(long short-term memory) 모델이다(Hochreiter, 1997). LSTM

은 RNN을 기반으로 구조를 확장하여 긴 문맥 정보를 효과적으로 처리할 수 있도록 설계되었다. 기본적인 RNN과 달리, LSTM은 노드 내부에 세 가지 게이트(입력 게이트, 망각 게이트, 출력 게이트)를 두어 정보가 노드 상태에 어떻게 저장되고 삭제되며 출력될지를 조절한다. 입력 게이트는 새로 들어오는 정보가 현재 상태에 얼마나 반영될지를 결정하고, 망각 게이트는 이전 상태에서 어느 정도 정보를 유지할지 결정하며, 출력 게이트는 현재 상태를 기반으로 출력할 정보를 결정한다.

RNN이 시계열 정보를 저장하고 출력하는 것을 효과적으로 제어하지 못하지만, LSTM은 기억을 관리할 수 있는 구조로 긴 시계열 데이터나 장기적인 의존성 문제를 해결할 수 있었다. 이 덕분에 2016년 구글(Google) 번역에 적용되는 등 LSTM은 기본 RNN 모델보다 실제 사용 사례가 많은 모델로 자리 잡았다. LSTM과 비슷한 기능을 하지만 더 가벼운 구조를 지닌 GRU(gated recurrent unit)도 시계열 데이터를 효과적으로 처리할 수 있어 LSTM과 유사한 성능을 보여왔다(Chung, 2014).

언어 모델에 인공지능 기술이 도입되면서 RNN, LSTM, GRU 등 다양한 시계열 인공신경망 모델이 발전할 수 있었지만, 이들에는 두 가지 치명적인 문제가 있었다. 시각 인공지능의 CNN은 수많은 노드에 대한 행렬 연산을 분산 처리할 수 있어 GPU를 활용한 대규모 병렬 처리에 자연스럽게 녹아들 수 있었고, GPU 성능 향상의 혜택을 그대로 받을 수 있었다. 그러나 RNN 계열의 인공신경망은 시계열, 순차적 데이터를 처리하는 특성상 데이터 의존성이 있어 병렬 처리가 어렵다는 문제가 있었다. 긴 문장을 RNN에 입력하려면 문장의 시작부터 끝까지 단어 하나하나를 순차적으로 처리해야 하므로, 대규모 데이터 세트를 학습할 때 훈련 시간이 매우 길어질 수 있었다. 둘째 문제는 긴 길이의 입력 처리 한계였다. LSTM과 GRU는 RNN에 비해 장기 기억에 유리해서 장기 의존성 문제를 잘 처리할 수 있었지만, 여전히 매우 긴 문장이나 텍스트를 처리할 때는 성능이 저하될 수 있었다. 이 문단의 시작에서 RNN 계열의 인공신경망은 '두 가지 문제'를 지닌다고 서술했으나, 100개 이상의 단어가 지나간 이 위치까지 그 정보를 유지하는 것은 RNN 계열 인공신경망에서는 매우 어려운 일이었다. 언어 모델이 대규모로 사용되려면 문단이나 페이지 단위에서도 중요한 정보를 기억해야 했지만, RNN 구조는 이를 처리하는 데에 불리했다. 이러한 문제는 모두 2017년 등장한 트랜스포머(Transformer) 모델로 해결할 수 있었다.

참고문헌

Bay, H. & Van Gool, L.(2008). Speeded-up robust features (SURF). Computer Vision and Image Understanding, 110(3), 346~359.

Chung, J., Gulcehre, C., Cho, K., & Bengio, Y.(2014). Empirical evaluation of gated recurrent neural networks on sequence modeling. arXiv preprint, arXiv:1412.3555.

Google Translate. https://translate.google.com

He, K., Zhang, X., Ren, S., & Sun, J.(2016). Deep residual learning for image recognition. in Proceedings of the IEEE Conference on Computer Vision and Pattern Recognition, 770-778.

Hochreiter, S.(1997). Long Short-term Memory. Neural Computation MIT-Press.

Krizhevsky, A., Sutskever, I., & Hinton, G. E.(2012). Imagenet classification with deep convolutional neural networks. Advances in Neural Information Processing Systems, 25, 1~9.

Lowe, D. G.(2004). Distinctive image features from scale-invariant keypoints. International Journal of Computer Vision, 60, 91~110.

Simonyan, K., & Zisserman, A.(2014). Very deep convolutional networks for large-scale image recognition. arXiv preprint, arXiv:1409.1556.

03
거대 언어 모델의 등장

시각 인공지능이 빠르게 발전하는 동안 초기 언어 인공지능은 발전이 다소 정체되어 있었다. 그러한 상황을 한 번에 역전해 버린 핵심 기술을 소개하며, 그로부터 발전된 챗GPT와 같은 거대 언어 모델의 놀라운 기능과 막대한 파급력 그리고 그 발전 배경을 알아본다.

집중이 필요한 순간

인간은 언어를 바탕으로 생각하고 사고 체계를 구성한다. 소리 내어 말하지 않아도 머릿속에서 언어를 사용하며, 지식도 주로 언어로 습득한다. 생각이 먼저인지, 언어가 먼저인지에 대한 철학적 논쟁은 차치하더라도, 기계에 언어 모델을 가르치는 것은 단순히 번역하거나 채팅봇을 만드는 것 이상의 의미를 지닌다. 이는 일종의 사고 체계를 기계에 구성하는 것과 같다.

시각 인공지능이 사진과 영상 속 사물의 이름과 경계를 인식하는 것과 비교했을 때, 텍스트 기반 언어 인공지능이 단어 몇 개를 조합해 문장을 생성하는 것은 다소 단순해 보일 수 있다. 그러나 시각 인공지능이 많아야 수억 개의 파라미터를 지니는 데 비해, 거대 언어 모델에는 수천억에서 조 단위에 이르는 파라미터가 필요하다.

『표준국어대사전』에 등재된 한글 단어는 약 51만 개, 옥스퍼드 영어사전에 등재된 영어 단어는 약 50만 개다. 언어 모델은 각 단어의 다양한 의미, 단어 간의 유기적 조합으로 생기는 의미 그리고 문장과 문장 사이에서 변화하는 의미를 모두 이해할 수 있어야 한다. 불과 50만 개 단어에서 시작한 의미의 조합은 지수적으로 증가하여 셀 수 없이 많은 가능성을 지니게 된다. 그뿐 아니라,

언어 모델은 특정 언어의 문법과 단어의 의미를 기본으로 이해하고, 그 기반 위에 인간이 축적한 지식을 습득해야 한다. 이를 위해 언어 모델은 위키피디아, 전자책(BookCorpus, Google Books), 학술 논문, 온라인 텍스트(WebText) 등 다양한 출처에서 인류의 방대한 언어 데이터를 학습한다. 이렇게 대규모 데이터와 연산량이 있어야 하는 언어 모델은 초거대 인공지능으로 불리게 되었다.

문제는 기존 RNN 기반 언어 모델의 한계, 즉 병렬 처리의 어려움과 긴 입력 처리의 한계가 거대 언어 모델을 구현하는 데 치명적이었다는 점이다. 2017년 구글에서 발표한 논문 "어텐션만 있으면 돼(Attention is All You Need)"에서는 기존 RNN 구조를 완벽히 배제하고, 어텐션(attention) 기법만을 적용한 트랜스포머(transformer) 모델을 제안했다. 이 트랜스포머 모델은 기존 RNN 방식의 단점을 해결하면서 언어 모델에 완전히 새로운 방향을 제시했다(Vaswani, 2017).

어텐션 기법은 2014년 드미트리 바다나우(Dzmitry Bahdanau)가 처음 제안한 기술이다(Bahdanau, 2014). 특히 자연어 처리에서 긴 문장을 처리할 때 각 단어가 문장의 다른 부분과 얼마나 연관이 있는지를 계산하여 중요한 단어나 특정 부분에 더 '집중(attention)'하는 방식으로 동작한다. 기존 RNN 구조는 모든 입력 데이터를 길이가 고정된 벡터(context vector)로 처리했으나, 어텐션 기법은 어떤 출력을 만들어 낼 때, 모든 입력을 보는 것이 아니라 중요한 데이터만 동적으로 선택해서 집중할 수 있었다.

바다나우는 어텐션 기법을 RNN 모델과 결합하여 언어 번역 성능을 크게 향상했고, 긴 문장을 처리하는 데 더 효과적인 모델을 구축할 수 있었다. 이로써 긴 입력 처리의 어려움은 해결할 수 있었지만, 여전히 병렬 처리의 어려움이라는 문제가 남아 있었다.

2017년 구글이 제안한 트랜스포머 구조는 바다나우가 제안한 RNN 기반 구조와 달리, 기존 RNN을 완전히 배제하고 어텐션 기법만으로 모델을 구성했다. 해당 논문의 제목이 "어텐션만 있으면 돼"인 이유다. 트랜스포머에는 순방향 신경망(feed-forward network), 위치 인코딩(positional encoding) 등 다양한 요소가 존재하지만, 가장 중요한 요소는 기존 어텐션 기법을 기반으로 만들어진 셀프 어텐션(self-attention)과 이를 병렬로 수행하는 멀티헤드 어텐션(multi-head attention) 연산이다.

셀프 어텐션은 주어진 문장의 각 단어가 다른 단어와

어떤 연관성이 있는지를 분석하는 기법이다. 예를 들어, “나는 오늘 친구와 함께 공원에서 산책을 하며 즐거운 시간을 보냈다”라는 문장에서 ‘나는’이라는 단어가 ‘오늘’, ‘친구와’ 등 다른 단어들과 어떤 관계를 맺는지 파악하는 것이다. 단어 간의 연관성은 주목하는 관점에 따라 달라지는데, 여러 관점에서 다수의 셀프 어텐션을 적용하는 것이 바로 멀티헤드 어텐션이다. 예를 들어, ‘나는’이라는 단어를 기준으로 장소에 주목하면 ‘공원에서’, 시간에 주목하면 ‘오늘’, 감정과 행동에 주목하면 ‘즐거운’, ‘시간을 보냈다’라는 단어들과 연관성이 높게 나타날 수 있다.

이처럼 트랜스포머의 멀티헤드 어텐션 기법은 하나의 문장에 다양한 관점을 동시에 고려하여 단어 간의 복잡한 다차원 연관성을 표현할 수 있게 하며, 문장을 깊이 이해할 수 있도록 돕는다. 그뿐 아니라, 각각의 서로 다른 헤드(관점)의 셀프어텐션 연산은 서로 독립적이므로 병렬적으로 처리될 수 있었고, 기존 RNN의 병렬화 문제를 해결할 수 있었다.

트랜스포머 구조를 제안한 “어텐션만 있으면 돼” 논문은 2024년 기준 13만 회 이상 인용되며 인공지능 연구에 막대한 영향력을 미치고 있다. 트랜스포머 구조를 기반으로 버트(BERT, Bidirectional Encoder Representations from Transformers), T5(Text-To-Text Transfer Transformer), GPT(Generative Pre-trained Transformer) 등 다양한 거대 언어 모델이 개발되었다(Devlin, 2018; Raffel, 2020; OpenAI, 2024). 그뿐 아니라, 2020년에는 트랜스포머를 컴퓨터 비전 분야에 적용한 ViT(vision transformer) 기술이 제안되었고, 최근에는 기존 CNN 기반 모델보다 ViT가 더 나은 성능을 보이며, 트랜스포머가 언어 모델을 넘어 다양한 분야의 문제를 해결할 수 있음을 증명했다(Dosovitskiy, 2020).

챗GPT의 화려한 데뷔

시각 인공지능과 언어 인공지능 모두 기술적으로 빠르게 발전하고 있었지만, 일반 대중이 피부로 느낄 만한 임팩트는 2016년 알파고(AlphaGo)와 이세돌의 바둑 대전 이후로 좀처럼 나타나지 않았다. 오랫동안 인공지능은 영상 속 사물 인식, 언어 번역 등 편리한 도구 정도로 인식되었다. 그러나 오픈AI의 챗GPT(ChatGPT)가 등장하면서 상황이 완전히 바뀌었다.

챗GPT는 인공지능 챗봇의 일종으로, 사용자의 질문에 답을 해주거나 보고서를 작성하고 요약하며, 프로그램 코딩, 시 또는 작사 등 다양한 작업을 수행할 수 있다.

챗GPT는 단순한 기술적 성과를 넘어 대중이 쉽게 접근할 수 있는 웹 기반 채팅 인터페이스를 제공하면서 실생활에서 바로 활용할 수 있는 도구로 자리 잡았다. 특히 자연어 생성 능력은 사람과 대화하는 듯한 경험을 제공해 큰 관심을 끌었다.

챗GPT는 2022년 11월 공개된 이후 불과 두 달 만에 사용자를 월간 1억 명 확보했다. 이는 당시 인류의 서비스 제공 역사상 가장 빠른 속도로, 틱톡(TikTok)이 9개월, 인스타그램(Instagram)이 30개월 걸린 것과 비교해도 엄청난 기록이다. 물론, 인터넷과 모바일 기기 보급률이 높은 시기에 등장했다는 점을 고려해야 하지만, 소셜 네트워크 서비스가 아닌 인공지능 서비스가 폭발적 인기를 얻었다는 것은 인공지능의 대중화가 얼마나 빠르게 이루어졌는지를 잘 보여 준다. 심지어 2024년 중순에는 주간 사용자 2억 명을 돌파해 생성형 인공지능 챗봇 시장의 선두를 공고히 하고 있다(Reuters, 2024).

챗GPT의 기술적 근간이 되는 GPT는 'generative pre-trained transformer'의 약자로, '생성형의 사전 학습된 트랜스포머'로 요약된다. GPT는 언어를 단순히 분석하는 것을 넘어서 새로운 텍스트를 생성할 수 있는(generative) 모델이며, 대규모 데이터 세트를 바탕으로 미리 학습된 후 미세 조정이 가능한(pre-trained) 트랜스포머 구조를 지닌다. GPT는 2018년 오픈AI가 처음 공개한 거대 언어 모델로, GPT-1을 시작으로 GPT-2, GPT-3, GPT-3.5, GPT-4, GPT-4-터보 그리고 최신의 GPT-4o 모델까지 발표되었다. 이 약 6년간의 GPT 모델들은 각각 이전 모델과 비교하면 더욱 향상된 언어 성능과 기능을 제공하며, 인공지능 발전의 속도를 상징적으로 보여 준다.

챗GPT가 발표되기 전, 초창기 모델인 GPT-1은 2018년 당시에는 큰 혁신이었지만, 현재 시점에서 보면 한정적 성능을 지녔다. GPT-1은 약 1억1700만 개 파라미터를 지녔으며, 이는 15억 개 파라미터를 가진 GPT-2, 1750억 개 파라미터를 지닌 GPT-3에 비해 크기가 매우 작은 언어 모델이었다(전원, 2023).

GPT-3는 2022년 챗GPT 발표 당시 사용된 모델로, 기본적인 대화형 인공지능으로 대중에게 폭발적인 반응을 끌어냈다. 오픈AI는 2023년에는 챗GPT에 GPT-4 모델을 적용하기 시작했으며, 공식 발표는 없었으나 GPT-4는 약 1.7조 개 파라미터를 지닌 것으로 알려졌다. GPT-4는 GPT-3(또는 3.5)와 비교해 긴 문장과 맥락을 더 잘 이해할 수 있으며, 이미지를 입력받아 이미지 속 상황과 맥락을 파악하는 기능도 제공한다. 예를 들어, 그래프 이미지를 이해하고 분석하거나 이미지 속 유머를 인식할 수 있는 기능을 갖추고 있다.

2024년에는 음성 인식 기능이 대폭 강화된 GPT-4o(omni)와 더불어 추론(reasoning) 능력을 강화한 o1 모델이 발표되었다. 오픈AI에 따르면, o1 모델은 추론 능력을 갖춘 첫 번째 모델로 물리, 화학, 생물학 등 여러 분야에서 박사 수준의 지식이 있으며, 국제 수학 올림피아드 문제의 83%를 풀어냈다(이는 GPT-4의 13%와 비교해 크게 향상된 수치다). o1 모델은 특히 과학, 수학, 프로그래밍과 같은 추론과 고찰이 필요한 분야에서 큰 발전을 가져올 것으로 기대된다.

처음에는 텍스트 기반 응답 서비스만 제공하던 인공지능 챗봇 챗GPT는 불과 2년 만에 외부로는 이미지와 음성을 인식할 수 있고, 내부로는 추론과 고찰을 할 수 있는 기능을 추가로 갖추게 되었다. 거대 언어 모델의 진화는 우리 삶에 깊이 침투해 궁극적으로는 기술과 인간의 관계를 재정립할 가능성을 열어 주고 있다. 챗GPT가 성공적으로 데뷔한 이후, 구글의 제미나이(Gemini), 마이크로소프트의 코파일럿(Copilot), 네이버의 클로바X(CLOVA X) 등 다양한 거대 언어 모델 기반 인공지능 서비스가 경쟁적으로 발표되고 있다.

전 세계 기업들의 치열한 경쟁으로 발전하고 있는 초거대 인공지능은 이제 멀티모달 인공지능(multimodal AI)의 본격적인 발전을 촉진하며, 더 나아가 인공 일반지능의 등장을 기대하게 만들고 있다.

참고문헌

전원·여준기(2023). 초거대 인공지능 프로세서 반도체 기술 개발 동향. ≪전자통신동향분석≫, 38권, 5호, 1~11.

Bahdanau, D.(2014). Neural machine translation by jointly learning to align and translate. arXiv preprint, arXiv:1409.0473.

Devlin, J., Chang, M.W., Lee, K., & Toutanova, K.(2018). Bert: Pre-training of deep bidirectional transformers for language understanding. arXiv preprint, arXiv:1810.04805.

Dosovitskiy, A., et al.(2020). An image is worth 16x16 words: Transformers for image recognition at scale. arXiv preprint, arXiv:2010.11929.

OpenAI(2024.09.12). Introducing OpenAI o1-preview, https://openai.com/index/introducing-openai-o1-preview/

Radford, A., Narasimhan, K., Salimans, T., & Sutskever, I.(2018). Improving language understanding by generative pre-training.

Raffel, C., et al.(2020). Exploring the limits of transfer learning with a unified text-to-text transformer. Journal of Machine

Learning Research, 21(140), 1~67.
Reuters(2024.8.30). OpenAI says ChatGPT's weekly users have grown to 200 million, https://www.reuters.com/technology/artificial-intelligence/openai-says-chatgpts-weekly-users-have-grown-200-million-2024-08-29/
Vaswani, A., et al.(2017). Attention is all you need. Advances in Neural Information Processing Systems.

04
멀티모달 인공지능과 생성형 인공지능

인간이 인공지능에 갖는 로망이자 기대하는 바는 사람처럼 보고, 듣고, 말하며 소통하는 기능일 것이다. 그를 가능케 하는 멀티모달 인공지능의 개념을 알아본다. 또한 인공지능을 각종 예술가로 만들어 여러 화제를 모으고 있는 생성형 인공지능의 현황과 기술적 배경을 소개한다.

다양한 입력, 다양한 출력

영화 〈2001 스페이스 오디세이〉의 HAL 9000, 〈터미네이터〉의 스카이넷, 〈아이언 맨〉의 자비스, 〈그녀〉의 사만다, 〈인터스텔라〉의 TARS 등 사람들이 상상하는 미래의 인공지능은 대부분 초월적 지능을 지닌 컴퓨터 시스템이나 안드로이드, 인조인간의 형태로 나타난다. 이들은 대부분 음성으로 자유롭게 대화할 수 있고, 시각 정보를 스스로 이해하는 능력을 갖추고 있다.

아무리 성능이 뛰어난 인공지능 모델이라도 복잡한 설치 과정과 텍스트 기반 인터페이스로만 동작한다면, 일반 대중의 높은 사용률을 기대하기는 어려울 것이다. 이처럼 인공지능 서비스는 다른 모든 서비스와 마찬가지로, 대중이 쉽게 접근할 수 있는 편리한 인터페이스와 편의성을 제공하는 것이 매우 중요하다. 챗GPT의 폭발적인 사용자 증가도 웹이나 앱 기반의 편리한 접근성 덕분에 가능했다.

이제 인공지능은 단순한 텍스트 인터페이스를 넘어 인류가 오랫동안 상상해 온 인공지능의 모습으로 발전하는 과정에 있다. 이러한 발전의 핵심 개념이 바로 멀티모달 인공지능이다.

기존 인공지능은 하나의 인공신경망 모델에서 단일

형태의 데이터만 처리할 수 있었다. 시각 인공지능은 이미지를, 언어 인공지능은 텍스트를 입력으로 받아 각각 분석하는 방식이었다. 모달리티(modality)는 '양식' 또는 '감각적 양상'을 의미하는데, 멀티모달 인공지능(multimodal 인공지능)은 다양한 유형의 데이터를 함께 처리할 수 있는 인공지능을 의미한다. 즉, 기존 인공지능과 달리 멀티모달 인공지능은 텍스트, 이미지, 음성, 비디오 등 여러 형태의 입력 데이터를 동시에 다룰 수 있다.

이는 인간이 세상을 인식하는 방식과 유사하다. 인간은 단일 형태의 정보만 인식하는 것이 아니라, 다양한 감각을 종합하여 세상을 이해한다. 멀티모달 인공지능도 이와 비슷하게 다양한 입력을 통합적으로 처리할 수 있으므로, 단일 데이터 유형만으로는 해결할 수 없는 복잡한 문제를 해결할 수 있다. 예를 들어, 텍스트 기반 인공지능은 이미지나 음성의 의미를 파악할 수 없지만, 멀티모달 인공지능은 음성 속 감정과 뉘앙스를 분석하여 텍스트로 드러나지 않는 의미를 이해할 수 있다. 또한 이미지를 단순히 분류하는 것을 넘어 이미지 속 상황과 뜻을 파악해 문장으로 표현할 수 있다.

다른 인공지능 기술과 마찬가지로, 멀티모달 인공지능

역시 트랜스포머 구조의 등장과 함께 큰 발전을 이루었다. 트랜스포머 구조를 활용한 초기 멀티모달 인공지능의 예로 오픈AI에서 2021년에 발표한 클립(contrastive language-image pretraining, CLIP) 모델이 있다. 클립은 이미지와 해당 이미지를 설명하는 텍스트를 동시에 입력받아 학습함으로써 이미지와 텍스트 간의 의미적 연결을 찾아낼 수 있다(Radford, 2021).

기존의 합성곱 인공신경망 기반 시각 인공지능 모델은 학습된 사물만 분류할 수 있었고, 학습되지 않은 사물은 인식하거나 분류할 수 없었다. 반면, 클립은 약 4억 개의 이미지-텍스트 짝을 학습해 학습되지 않은 사물도 해당 이미지에 맞는 설명을 자연어로 생성하거나 텍스트 설명에 맞는 이미지를 찾는 등 다양한 멀티모달 작업을 수행할 수 있었다.

텍스트로 묘사된 내용을 그림으로 변환하고 이해하는 기술은 생성형 인공지능에도 큰 영향을 미쳤다. 사용자가 원하는 그림을 생성하려면 먼저 사용자가 문장으로 묘사한 텍스트를 정확히 이해하는 것이 필수이기 때문이다.

오픈AI가 2023년에 발표하고 챗GPT에 적용된 거대 언어 모델 GPT-4는 이전 언어 모델들과 달리 텍스트뿐 아니라 이미지를 입력으로 받아 이해하고 처리하는 능력을 갖추고 있다(Achiam, 2023). 사용자가 이미지를 업로드하고 그에 대한 설명이나 분석을 요청하면, GPT-4는 이미지 속 물체, 사람, 배경 등의 정보를 텍스트로 변환하여 설명할 수 있다. 발표 당시 논문에서는 '모니터 케이블 형태의 스마트폰 케이블' 사진이나 '치킨 너겟으로 만든 세계 지도'와 같은 이미지를 보고 그 유머를 이해하는 예시를 선보였다. 이러한 이미지 처리 능력은 유머 이해를 넘어 다양한 응용 분야에서 활용될 수 있다. 예를 들어, 의료 분야에서는 엑스레이나 엠알아이 이미지를 분석해 질병을 진단할 수 있으며, 업무에서는 특정 그래프 이미지를 입력받아 관련된 분석 보고서를 작성할 수 있다. 또한, 시각장애인을 위한 이미지 설명 자동 생성 서비스에도 응용될 수 있다. 이러한 GPT-4의 이미지 처리 능력은 이미지와 텍스트를 결합하여 종합적으로 이해할 수 있는 멀티모달 인공지능의 한 형태다.

Omni는 영어로 '모든 것' 또는 '모든 방식'을 의미한다. 2024년 오픈AI가 발표한 GPT-4o의 'o'는 이 omni를 뜻하며, 이는 기존의 멀티모달 개념을 넘어 '모든' 형태의 데이터(보고, 듣고, 말하기)를 처리할 수 있음을 의미한다. GPT-4와 GPT-4o의 가장 큰 차이는 음성 기능이다. GPT-4o는 단순한 음성 인식과 생성에 그치지 않고, 더욱 복합적인 음성 데이터를 종합적으로 분석하고 맥락을 고려한 응답을 생성할 수 있다.

예를 들어, 단순히 음성을 텍스트로 변환해 언어 모델의 입력으로 사용하는 것이 아니라, 음성의 감정이나 억양을 분석해 사용자가 기쁨, 분노, 슬픔 등의 감정을 표현하는지 파악할 수 있다. 이로써 음성 인터페이스는 단순한 정보 제공을 넘어 감정적으로 세련된 대응을 할 수 있게 된다. 또한 정지된 사진이 아닌 실시간 영상을 입력받아 사용자의 현재 상황이나 감정을 시각적 데이터로 분석할 수 있다.

GPT-4o는 이러한 다양한 데이터 입력을 활용해 사람과 자연스럽게 소통하는 기술을 기반으로, 영화 〈그녀〉에 등장하는 인공지능 사만다를 현실에 구현한 것에 가깝다는 평가를 받고 있다. 멀티모달 인공지능의 발전은 기존 삼성의 빅스비, 애플의 시리와 같은 단순 음성 비서를 넘어 인공지능 동료나 인공지능 인격체의 등장 가능성을 열어 주고 있다. 나아가 이 기술은 로봇 기술과 결합하여 인공지능 로봇으로 발전할 잠재력을 보여 주고 있다.

인지와 이해를 넘어 창작으로

2016년 3월, 구글의 바둑 인공지능 프로그램 알파고와 대한민국 이세돌 9단의 대전은 전 세계의 큰 관심을 받으며 인공지능 기술이 예상보다 훨씬 더 발전했다는 사실을 대중에게 널리 알린 계기가 되었다. 그동안 바둑은 그 경우의 수가 천문학적으로 많아(약 10^{171}), 체스나 장기와 달리 컴퓨터가 정복할 수 없는, 인간의 영감과 예술에 가까운 영역으로 여겨져 왔다. 그렇기에 알파고가 이세돌 9단을 4 대 1로 이겼을 때 그 충격과 화제성은 더욱 컸다. 그로부터 8년이 지난 2024년, 인공지능은 바둑보다 더 영감이 필요한 인간의 고유 영역으로 여겨졌던 미술, 음악, 소설 등의 예술을 창작하는 영역까지 발전하고 있다.

생성형 인공지능(generative AI)은 단순히 분류(classification)와 같은 수동적 기능을 넘어 사용자가 요구하는 조건에 맞는 다양한 유형의 새로운 데이터를 생성하는 인공지능 모델을 모두 아우르는 개념이다. 초거대 인공지능이 인공신경망 모델의 파라미터 크기나 규모에 따라 분류되는 반면, 생성형 인공지능은 기능과 목적에 따라 정의되며, 초거대 인공지능이 생성형일 수도 있고 아닐 수도 있다.

생성형 인공지능은 일반적으로 텍스트 기반의 프롬프트를 입력받아 텍스트(대화, 소설, 코딩), 소리(음성, 작곡), 이미지(미술, 영상) 등 다양한 형태의 데이터를 생성하여 출력하는 동작을 수행한다. 대표적인 거대 언어 모델인 GPT의 이름에서 알 수 있듯이, 챗GPT를 포함한 거대 언어 모델 인공지능도 텍스트 생성형 인공지능의 일종이라 할 수 있다.

생성형 그림 인공지능은 2021년 오픈AI가 달리(DALL-E)를 발표하면서 '문장에서 이미지를 생성'하는 능력을 처음으로 선보여 큰 주목을 받기 시작했다. 달리는 앞서 소개한 멀티모달 인공지능 클립과 함께 발표되었는데, 텍스트를 입력받아 이미지를 생성하는 기능이 언어 인공지능과 시각 인공지능을 결합한 멀티모달 기능과 밀접한 관계가 있었기 때문이다.

이후 달리 2, 스테이블 디퓨전(Stable Diffusion) 등 더욱 자연스러운 그림을 생성하는 모델들이 발표되면서 그림 인공지능은 일반 사용자들 사이에서도 널리 활용되기 시작했다. 특히 달리 3은 챗GPT, 빙(Bing) 등과 결합하여 접근성을 더욱 개선했다. 그림 인공지능은 공통적으로 사용자가 묘사한 사물들의 상황과 배치를 만화, 실사, 카툰 등 다양한 그림체로 생성하거나 주어진 이미지를 사용자가 원하는 방향으로 수정하는 기능을 제공한다.

이러한 그림 인공지능에서 실제 이미지를 생성하는 기술로는 GAN(generative adversarial network)과 디퓨전(diffusion) 모델이 중요한 두 축을 이룬다. 두 모델은 모두 이미지를 생성하는 데 사용되지만, 작동 방식과 장단점에서 차이가 크다(Goodfellow, 2014; Ho, 2020).

GAN은 2014년 이언 굿펠로(Ian J. Goodfellow)가 발표한 인공신경망 모델로, 두 개의 상호 경쟁적 신경망인 생성자(generator)와 판별자(discriminator)로 구성된다. 생성자는 새로운 가짜 이미지를 생성하고, 판별자는 그 이미지가 실제 데이터인지 가짜 데이터인지를 판별하는 역할을 한다. 굿펠로우의 논문에서도 소개되었듯이, GAN은 화폐 위조범과 그를 잡으려는 경찰의 관계에 비유할 수 있다. 두 신경망이 서로 경쟁하면서 학습하는 과정을 적대적(adversarial) 학습이라고 하며, GAN의 목표는 생성자가 판별자를 속일 만큼 사실적인 이미지를 생성하는 것이다.

GAN은 매우 사실적인 고품질 이미지를 빠르게 생성하는 장점이 있지만, 학습의 불안정성이라는 단점도 있다. 생성자와 판별자가 경쟁하는 과정이 잘못되면 학습이 실패할 수 있으며, 판별자가 지나치게 우세해지면 생성자가 제대로 학습하지 못할 수 있다. 또한 GAN은 모드 붕괴(mode collapse) 문제를 겪을 수 있는데, 이는 특정 유형의 이미지(예를 들어, 고양이 사진)만 반복적으로 생성되는 현상이다. 모드 붕괴가 발생하면 다양한 이미지를 생성하고자 해도 고양이 사진만 계속 생성되는 문제가 발생할 수 있다.

이미지 생성 모델의 또 다른 기술인 디퓨전 모델은 GAN의 등장보다 6년 늦은 2020년에 조너선 호(Jonathan Ho)가 발표했다. 이 모델은 어떤 이미지에 노이즈를 점진적으로 추가하여 데이터를 파괴한 후 이 파괴된 데이터를 역방향 과정을 거쳐 복원하는 방식으로 학습하고 작동한다. 위 과정을 예로 들어 설명하면, 처음에는 노이즈가 전혀 없는 강아지 사진을 주면서 이것이 강아지라고 학습시킨다. 다음으로 같은 사진에 노이즈를 조금 첨가한 후 이것이 강아지라고 알려 주면서 노이즈를 제거하고 원래 강아지 사진을 복구하도록 요청한다. 처음에는 노이즈가 있어도 원본 사진 정보 대부분을 가지고 복구하는 것이니 어렵지 않을 것이다. 위 과정을 점진적으로 노이즈 비율을 높이면서 반복해 마지막에는 강아지 사진은 전혀 없는 노이즈 100%의 이미지를 주면서 이 사물이 강아지이니 강아지 사진의 원본을 복구하라고 한다. 디퓨전 모델은 이처럼 점진적으로 노이즈가 첨가되는 과정에서 원본 이미지를 복구할 수 있는 능력을 학습하며, 최종적으로 원본 정보가 전혀 없는 '무'에서 텍스트로 주어진 정보를 기반으로 '유'를 창조하는 능력을 지니게 된다.

디퓨전 모델은 GAN과 비교했을 때, 더욱 다양한 이미지를 생성하는 데 강점이 있다. GAN은 경쟁적 학습 과정에서 모드 붕괴와 같은 문제가 발생하여 다양한 데이터를 학습하는 데 방해를 받을 수 있지만, 디퓨전 모델은 다양한 이미지에 대한 학습을 안정적으로 수행할 수 있다. 비록 디퓨전 모델이 노이즈를 제거하는 과정에서 GAN보다 더 많은 연산량과 시간이 필요하지만, 대규모 서비스에 필수인 다양성을 제공하므로 최근 챗GPT의 달리 3이나 스테이블 디퓨전 등의 그림 인공지능은 모두 디퓨전 모델을 기반으로 구현되고 있다.

생성형 그림 인공지능은 시각적으로 놀라운 성과를 보여 주지만, 최신 스테이블 디퓨전 3 모델이 약 8000만 개에서 80억 개의 파라미터를 지니는 등 그 규모는 거대 언어 모델과 같은 초거대 인공지능에 비하면 상대적으로 작은 편이다. 그러나 생성형 인공지능이 그림, 음성,

음악을 창조하며 사회에 미치는 영향은 절대 적지 않다. 생산성 향상 등 긍정적 영향이 많지만, 어둡고 부정적 영향을 초래하는 예도 존재한다. 이에 따른 윤리적 · 사회적 논의는 앞으로도 계속될 것이다.

기술의 발전 속도는 더욱 빨라져 과거에는 인간만의 고유 영역으로 여겨졌던 창의적 영역까지 침범하는 단계에 이르렀다. 생성형 인공지능이라는 도구가 인류에게 해를 끼치지 않도록 관리하는 것은 중요한 이슈로, 한동안 계속 논의될 것이다.

참고문헌

Achiam, J., et al.(2023). Gpt-4 technical report. arXiv preprint, arXiv:2303.08774.

Goodfellow, I., et al.(2014). Generative adversarial nets. Advances in Neural Information Processing Systems, 27, 1~9.

Ho, J., Jain, A., & Abbeel, P.(2020). Denoising diffusion probabilistic models. Advances in Neural Information Processing Systems, 33, 6840-6851.

Radford, A., et al.(2021). Learning transferable visual models from natural language supervision. in Proceedings of the 38th International Conference on Machine Learning, 8748~8763.

05
초거대 인공지능이 바꾸고 있는 세상

챗GPT를 대표로 하는 초거대 인공지능은 빠르게 사람들의 일상에 파고들어 여러 도움을 주기도 하고 문제를 일으키기도 한다. 특히, 여러 무거운 이슈의 중심이 되는 생성형 인공지능이 어떻게 인터넷 세상과 직업 체계를 혼란스럽게 만드는지 소개한다.

일상에 파고든 초거대 인공지능

인공지능 발전 초기, 시각 인공지능과 언어 인공지능은 연구적으로 큰 돌풍을 일으켰으나, 구글 번역 등 일부 제한된 서비스에만 적용되었고, 일반 사람들의 일상생활에 큰 영향을 미치지는 못했다. 역설적으로, 일반 소비자에게 가장 접근성이 떨어져 보였던 초거대 인공지능과 생성형 인공지능이 발전함에 따라 인공지능은 오히려 일상생활에 더욱 빠르게 파고들고 있다.

챗GPT를 대표로 하는 거대 언어 모델 기반 대화형 인공지능은 단순히 챗봇 형태의 대화를 넘어 학생들의 과제 작성, 연구자들의 논문 작성, 회사원들의 보고서 작성 등을 대신하거나 도와줄 수 있는 수준에 이르렀다. 심지어, 엑스레이 같은 의료 이미지를 분석해 질병을 판단하는 등 전문 지식이 필요한 영역에서도 성과를 보인다. 학생들에게는 복잡한 개념을 쉽게 설명하거나, 특정 주제에 대한 정보를 빠르게 제공해 이해도를 높이는 데 이바지할 수 있다. 또한 문장 구조를 다듬거나 문법 오류를 교정해 서류 결과물의 질을 향상하기도 한다. 자료 조사나 주제 선정 과정에서는 인공지능을 활용해 웹 검색으로는 찾기 어려운 폭넓은 자료를 받을 수 있다. 연구 논문 작성 과정에서도 방대한 데이터를 효율적으로 정리해 필요한 정보를 간략하게 제공하거나 논문의 초안을 작성하고 학술적 문장을 다듬는 데 도움을 준다. 인공지능은 문장의 논리적 흐름을 개선하고, 인용구나 참고 자료를 자동으로 추가하는 등 복잡한 사고 과정이 필요한 작업도 수행할 수 있다. 최근에는 초거대 인공지능의 능력을 더욱 효과적으로 끌어내려면 인공지능에 주는 텍스트 입력인 프롬프트(prompt)를 어떻게 작성하느냐가 중요해지면서 프롬프트 공학의 필요성이 주목받고 있다.

문제는 그렇게 작성된 결과물이 사용자 자신이 직접 이해하고 생산해 낸 것이 아니라는 것이다. 단순히 글을 다듬거나 보완하는 정도의 도움을 받는 것을 넘어 대부분의 작성을 대화형 인공지능에 맡기는 수준으로 오남용되기도 한다. 대다수 과제, 연구, 업무 등의 활동에는 인간 본연의 사고력이 필요하며, 그 과정에서 해당 결과물을 내는 것뿐 아니라, 작성자 개인의 발전을 이룩해 다음 업무에서 더욱 발전된 결과물을 낼 수 있도록 한다. 그러한 활동에서 과도하게 인공지능에 의존하면 사용자의 사고력과 창의력을 저하할 우려가 있다.

학생들이 인공지능이 제시하는 정보나 해결책에 지나치게 의존하면, 스스로 문제를 해결하거나 비판적으로 사고하는 능력을 기르기 어려워진다. 이는 장기적으로 독립적인 문제 해결 능력과 창의적이고 독창적인 사고를 발달시키는 데 걸림돌이 될 수 있다. 결국, 대화형 인공지능을 도구로 사용하는 것을 넘어 대화형 인공지능이 없으면 문제를 해결하지 못하는 상황에 이를 수도 있다.

다른 한편으로는 표절 등 윤리적 문제가 있을 수 있다. 대화형 인공지능의 핵심인 거대 언어 모델은 위키피디아, 전자책(BookCorpus, Google Books), 학술 논문, 온라인 텍스트 등 기존 다른 사람들이 작성한 텍스트를 기반으로 학습되었다. 대화형 인공지능이 텍스트를 생성하는 과정에서 기존에 학습된 자료를 바탕으로 문장을 구성하므로 사용자가 인지하지 못한 채 무분별하게 복사하거나 표절하는 문제가 발생할 수 있다.

또 다른 문제는 현세대의 대화형 인공지능이 지식 컷오프(cut-off) 기간을 두므로 최신 정보와 지식은 알지 못한다는 점이다. 예를 들어, GPT-4 등 거대 언어 모델은 실시간으로 온라인의 최신 정보를 학습하는 것이 아니라 특정 시점을 기준으로 학습 데이터를 정리하여 지식을 습득한다. 챗GPT의 GPT-4o 모델은 2023년 9월을 기준으로 지식 컷오프되어 그 이후에 등장한 정보는 알지 못한다. 따라서 빠르게 변화하는 분야에 관한 질문이나 문제 풀이, 해석은 틀릴 수 있으며, 사용자가 검증 없이 인공지능의 결과물을 받아들이면 잘못된 지식과 정보를 습득할 수도 있다.

대화형 인공지능의 오남용을 막으려고 과제 등을 평가하는 처지에서는 반대로 챗GPT 등의 사용을 감지하는 기술을 사용하기도 한다. 2023년 미국 텍사스 에이앤앰(Texas A&M)대학교에서는 한 강사가 챗GPT를 사용한 것으로 의심되는 학생들의 과제를 0점 처리하는 등 논쟁거리가 된 적도 있다(채윤태, 2023). 실제로, 온라인에는 특정 텍스트를 입력으로 받아 대화형 인공지능의 영향 정도를 분석해 주는 제로지피티(ZeroGPT), 그래멀리(Grammarly) 등 다양한 인공지능 탐지 서비스가 제공되고 있다.

그러나 사용자가 대화형 인공지능의 결과물을 참고만 하여 직접 작성하는 경우 탐지 서비스에서 파악하기 어려우며, 그렇게 참고하는 것까지 표절로 간주해야 하는지에 대한 명확한 기준도 부족하다. 특히, 저작권이 존재하고 경제적 논란이 생길 수도 있는 논문, 출판물 등의 작성은 학술적 윤리나 저작권 윤리와도 관련이 깊어 인공지능 활용 범위에 대한 가이드라인과 논의가 필요한 시점이다.

이처럼 현세대의 초거대 인공지능이 일상과 학업, 업무 환경을 빠른 속도로 바꾸고 있음에도 무서운 점은 초거대 인공지능의 발전은 이제 막 시작되었으며, 더욱 빠르게 진화한다는 점이다. 엔비디아의 최고경영자(CEO) 젠슨 황(Jensen Huang)은 2024년 초 발표에서 5년 이내에 일반 인공지능이 등장할 것으로 전망했다(Huang, 2024). AGI는 특정 한정된 영역에 특화된 현세대의 인공지능에서 벗어나 범용적이고 보편적으로 거의 모든 분야에 걸쳐 학습, 이해, 추론 등 인간적 사고를 할 수 있는 범용적 인공지능을 의미한다.

초거대 인공지능이 진화를 계속해 진정한 AGI 수준에 이를 때면 위에서 언급한 문제들은 가벼워 보일 정도로 세상이 바뀔 가능성이 크다. 만약, 초거대 인공지능을 건설적이고 긍정적인 방향으로 활용하여 생산성을 높이고 인류의 창의력과 영감을 극대화할 수 있는 기술로 완성할 수 있다면, 초거대 인공지능은 단순히 일상에 파고드는 수준을 넘어 인류의 동반자로서 함께 발전해 나갈 수 있을 것이다.

생성형 인공지능의 사회적·문화적 영향력

생성형 인공지능은 초거대 인공지능 기반의 대화형 인공지능 못지않게 세상에 큰 변화를 불러오고 있다. 생성형 인공지능은 일반적으로 텍스트 기반의 프롬프트를 입력으로 받아 문장으로 묘사된 설명에 맞는 그림, 영상, 음성, 음악, 글, 코드 등 다양한 형태의 콘텐츠를 자동으로 생성하는 인공지능을 의미한다. 이러한 생성형 인공지능은 창의성 영역을 자동화하고 대중화함으로써 예술, 엔터테인먼트, 기술 개발뿐 아니라 정치적 영역에도 큰 영향을 미치고 있다.

달리 3, 스테이블 디퓨전 3과 같은 최신의 생성형 그림 인공지능은 몇 초 만에 복잡하고 창의적인 이미지를 생성할 수 있는 인공지능 모델로, 예술과 디자인 분야에서 큰 파장을 일으키고 있다. 과거에는 단체의 로고, 설명을 풍부하게 만들어 주는 일러스트, 보고 싶은 구도의 세상에 없던 그림 등을 가지려고 예술가, 디자이너, 일러스트레이터와 같은 전문가에게 일을 맡겨 왔으나, 그림 인공지능의 등장으로 가볍게 쓰이는 이미지는 누구나 문장 몇 줄로 몇 초 만에 만들고 수정하는 것이 가능해졌다.

달리 1과 같은 초창기 그림 인공지능 모델은 생성하는

그림이 다소 어색하고 사람의 손가락 등 구조와 동작이 미세하고 복잡한 형태의 물체를 묘사하는 데 어려움을 겪었으나, 최신 그림 인공지능 모델은 어색한 묘사를 개선하고 그림의 품질이 향상되는 방향으로 발전하고 있다.

그뿐 아니라, 최근에는 정지된 이미지를 생성하는 것을 넘어 문장에서 묘사되는 상황에 맞는 동영상을 생성할 수 있는 동영상 생성 인공지능이 등장하는 수준에 이르렀다. 오픈AI의 소라(Sora), 스태빌리티 AI(Stability AI)의 스테이블 비디오 디퓨전(Stable Video Diffusion)과 같은 모델이 그것이며, 소라의 공개된 동작 예시에 따르면 "골드러시 당시 캘리포니아의 역사적 장면"을 입력하면 서부영화의 한 장면 같은 영상으로 출력되는 등의 능력을 갖추고 있다. 아직은 인공지능을 거쳐 생성된 영상에서 사람의 연속적 움직임, 신체 부위 등 순간적으로 어색한 부분이 종종 보이지만, 계속 발전한다면 사용자가 촬영하고자 하는 짧은 영상을 단 몇 줄의 문장으로 생성할 수 있는 기술에 도달할 것으로 보인다. 소라와 같은 동영상 생성 인공지능으로 전체 영상을 제작하는 것 외에도, 일부 이미지나 효과를 생성형 그림 인공지능으로 만들고, 이를 기반으로 사람의 손을 거쳐 영상을 제작하는 시도는 이미 많이 이루어지고 있다. 하인즈 케첩, 코카콜라, 크러시 맥주, LG유플러스 등 다양한 기업에서 생성형 인공지능을 활용한 광고를 제작해 발표하고 있다.

2024년 초, 작곡가 김형석의 한 일화가 화제가 되었다. 작곡 공모대회에서 심사하고 1위로 뽑은 곡이 인공지능을 사용해 텍스트만 입력하여 만들어진 곡이었다는 것이다(홍영재, 2024). 작곡 인공지능은 생성하고자 하는 음악을 묘사하는 문장을 입력받아 원하는 길이, 장르, 분위기의 음악을 작곡할 수 있다. 2023년 발표된 구글의 뮤직엘엠(MusicLM), 메타의 뮤직젠(MusicGen) 등이 대표적인 작곡 인공지능 모델이며, 해당 기술을 활용하면 음악을 전혀 모르는 사용자도 문장 몇 줄로 화성학과 코드 진행에 수학적으로 크게 어긋나지 않는 음악을 작곡할 수 있다(Agostinelli, 2023; Copet, 2023).

김형석 작곡가는 해당 곡에 대해 "제법 수작이었다"라고 평가했는데, 이는 단순한 백색소음이나 배경음에 그친 것이 아니라, 인공지능이 생성한 음악이 전문가조차 인정할 수준의 완성도를 갖춘 음악이라는 점에서 큰 시사점을 남겼다.

생성형 인공지능은 그림 인공지능과 작곡 인공지능과

같이 무에서 유를 창조하는 것뿐 아니라, 기존 있는 데이터에 새로운 정보를 자연스럽게 덮어씌워 새롭게 합성된 결과물을 만들어 내는 인공지능 모델을 포함하는 개념이다. 문화 콘텐츠 분야에서 벌써 수년째 여러 이슈를 만들고 있는 딥페이크(deepfake) 기반 영상 합성과 AI 커버(cover) 음성 합성이 바로 그것이다.

딥페이크는 GAN으로 대표되는 생성형 인공신경망을 활용하여 이미 존재하는 영상물의 얼굴을 타인의 얼굴로 바꾸는 등 과거에는 대량의 전문 인력이 필요했던 작업을 누구나 손쉽게 할 수 있게 만들어 주는 기술이다. 이를 활용해 톰 크루즈(Tom Cruise)가 연기하는 아이언맨, 움직이는 유관순 열사와 안중근 의사 등 세상에 존재하지 않는 영상을 만들 수 있다. SBS 〈그것이 알고 싶다〉에서는 신원 보호가 필요한 피해자들의 얼굴을 딥페이크 기술을 이용해 다른 얼굴로 바꾸어 그들의 신원을 보호하면서도 감정과 표현을 시청자에게 더욱 생생히 전달하는 시도를 선보이기도 했다(SBS, 2021).

AI 커버는 딥페이크의 음성 버전이라고 볼 수 있는데, 이미 존재하는 노래의 보컬 부분을 다른 가수의 목소리로 바꾸는 등의 기능을 한다. 이 역시 마이클 잭슨(Michael Jackson)의 목소리로 불리는 뉴진스(NewJeans)의 '하입

보이(Hype Boy)' 등 세상에 존재하지 않는 음악을 생성할 수 있다. 잘 만들어진 AI 커버 곡은 그 사실성이 매우 높아 최근 KBS에서는 재생되는 노래가 AI 커버 곡인지, 실제 가수가 커버로 부르는 곡인지를 맞히는 〈싱크로유〉라는 예능 프로그램을 방영하기도 한다.

문제는 딥페이크와 AI 커버가 누구나 간단하게 사용할 수 있을 만큼 접근성이 좋아지고 인공지능 모델의 발전과 함께 영상, 음성 합성의 수준도 빠르게 향상되어 악용 가능성이 커지고 있다는 점이다. 최근 미국에서는 대선을 앞두고 여러 정치인의 목소리를 합성해 실제로 하지 않은 발언을 퍼트리거나 경찰에 체포되는 가짜 사진을 유포하는 등 실제로 일어나지 않은 사건을 사실인 것처럼 조작하는 일이 자주 발생하고 있다(양승은, 2024). 생성형 인공지능의 발전과 함께 인터넷에 존재하는 사진, 영상, 음성을 그대로 믿기 어려운 시대가 도래했다. 이에 따라 인터넷 콘텐츠가 생성형 인공지능이 만든 가짜인지 판단하는 기술이 더욱 중요해질 것이며, 사용자는 인터넷에서 정보를 습득할 때 주의를 기울여야 한다.

더욱 심각한 문제로 떠오르는 것은 딥페이크 기술을 이용해 유명인 또는 주변 일반인의 얼굴을 합성한 음란물이 제작되고 있다는 것이다. 이렇게 제작된 음란물은 가짜 여부를 떠나 제작과 유포 자체로 피해자의 인권을 심각하게 침해한다. 딥페이크 기술은 GAN과 디퓨전 모델의 발전과 함께 그 수준이 계속 발전해 왔다. 앞으로도 생성형 인공지능은 계속 발전해 나갈 것이며, 그에 따라 딥페이크와 AI 커버 기술 모두 따라 발전하게 될 것이다.

물론, 생성형 인공지능 기술은 가치 중립적이며, 딥페이크가 등장하기 이전에도 포토샵 등 합성을 이용한 음란물 제작 범죄는 계속 존재해 왔다. 그러나 과거 기술에 비해 압도적인 편의성과 사실성을 바탕으로 빠르게 확산하고 있는 콘텐츠 범죄에 대응하려면 기술적 · 사회적 합의가 필요한 시점이다.

2023년 '미국 작가 조합'과 '미국 배우 조합'이 파업하는 사건이 발생했다. 유명 할리우드 배우들 역시 파업에 참여하였고, 그 결과 〈데드풀과 울버린〉, 〈어벤져스: 둠스데이〉 등 수많은 대형 할리우드 영화, 드라마의 제작이 중단되고 개봉이 늦춰지는 등의 여파가 있었다. 파업은 다양한 이유로 발생했으나, 생성형 인공지능의 영향도 주요 원인 중 하나였다. 생성형 인공지능을 활용해 각본을 작성하거나, 엑스트라 배우를 인공지능 모델로 대체하거나, 성우의 목소리를 인공지능 음성으로 대신하는 것이 가능해지면서 배우, 작가, 성우들의 생존권이 위협받게 되었고, 그러한 변화에 대항하고자 대규모 파업이 일어났다.

각종 콘텐츠 제작에 활용되는 그림 인공지능, 딥페이크, 음성 인공지능 등의 생성형 인공지능을 학습하려면 사람의 손으로 창작된 데이터가 대량으로 필요하다. 문제는 그 과정에서 사용된 그림, 영상, 음성 등의 데이터가 초상권과 권리를 무시한 채 무단으로 도용되어 학습되었을 가능성이 매우 높다는 것이다. 배우와 성우로서는 자신과 비슷한 얼굴과 목소리가 본인이 촬영하지 않은 영화에서 등장하고, 그에 따른 수익은 기대할 수 없는 상황이 벌어질 수 있다.

과거에는 브래드 피트(Brad Pitt), 해리슨 포드(Harrison Ford), 성룡, 송강호, 황정민 등 동서양을 가리지 않고 많은 배우가 단역과 엑스트라 역할을 거쳐 명배우의 반열에 들 수 있었다. 하지만 앞으로 생성형 인공지능이 단역과 엑스트라를 모두 대체한다면, 숨어 있는 미래의 명배우를 놓치게 될 것이다. 반면, 콘텐츠 제작자는 생성형 인공지능을 활용하여 주연이 아닌 배우들과 게임 캐릭터의 목소리를 담당할 성우들의 인건비와 제작비를 대폭 절약할 수 있다.

이러한 생성형 인공지능의 발전이 배우와 성우뿐 아

니라 여러 직업군의 생존권을 위협하고 있다. 특히, 그 인공지능 모델이 무단으로 도용된 데이터를 학습한 경우라면, 더욱 실제 인물이나 원작자의 권리를 보호할 윤리적 · 법적 장치가 필요하다.

참고문헌

양승은(2024.5.24). [이 시각 세계]'바이든 가짜 전화' 정치 컨설턴트에 82억 원 벌금. MBC 뉴스, https://imnews.imbc.com/replay/2024/nwtoday/article/6601276_36523.html

채윤태(2023.5.20). 미 대학 "챗GPT 베꼈다"며 0점 줬다 발칵... 일부 학생은 결백. 한겨레, https://www.hani.co.kr/arti/international/america/1092563.html

홍영재(2024.4.5). 유명 작곡가도 "전혀 몰랐다"... AI로 만든 곡이 공모전 1위. SBS 뉴스, https://news.sbs.co.kr/news/endPage.do?news_id=N1007601599

SBS(2021.2.27). 보고, 듣고, 의심하라 – 가짜와의 전쟁, 딥페이크. 그것이 알고 싶다, 1251회.

Agostinelli, A., et al.(2023). MusicLM: Generating Music From Text, arXiv preprint, arXiv:2301.11325.

Copet, J., et al.(2023). Simple and Controllable Music Generation, arXiv preprint, arXiv:2306.05284.

Huang, J.(2024.3.18). NVIDIA GTC 2024 keynote

06
슈퍼컴퓨터 규모의 인공지능 시스템 반도체

과거 기상 예측 등에서 사용되던 슈퍼컴퓨터의 개념이 초거대 인공지능을 학습하는 데 도입되고 있다. 특히, 오직 인공지능만을 위해 설계되고 생산되는 인공지능 전용 시스템 반도체의 등장 배경을 알아보고, 막대한 연산을 효율적으로 가속하고자 어떤 기술이 쓰이는지 소개한다.

인공지능 전용 시스템 반도체의 등장

시각 인공지능과 언어 인공지능, 멀티모달 인공지능과 생성형 인공지능, 초거대 인공지능과 아직 등장하지 못한 일반 인공지능. 모델, 종류, 규모를 가리지 않고 현세대의 모든 인공지능의 학습과 추론은 컴퓨터를 사용한 대규모 산술연산으로 이루어지며, 미래의 인공지능도 디지털 기반 컴퓨팅 시스템을 벗어나기 어려울 가능성이 높다. 시스템 반도체는 컴퓨팅 시스템에서 논리 연산과 제어를 담당하는 반도체를 아우르는 개념이다.

초기 컴퓨터의 시스템 반도체 발전은 CPU(중앙처리장치)의 발전 그 자체라고 볼 수 있다. 최초로 민간 시장에 발표된 CPU는 1971년 인텔에서 개발한 인텔 4004로 시작되었다. 이후로 CPU는 계속 발전하며 동작 클럭 속도와 코어 수를 늘려 성능을 향상해 왔고, 복잡하고 다양한 동작 흐름을 갖는 프로그램에 대한 직렬 연산을 특히 잘 다룰 수 있었다. 우리가 일상에서 매일 사용하는 윈도우즈 · 안드로이드 등 운영체제, 한글 · 워드 등 사무 프로그램의 핵심 프로그램은 주로 CPU상에서 실행된다고 볼 수 있다.

초기의 그래픽 처리장치(graphics processing unit, GPU)는 CPU를 옆에서 도와 모니터 화면에 출력되는 픽

셀들에 대한 그래픽 연산을 처리하려고 도입되었다. 수천, 수만의 픽셀에 대한 계산을 하나의 계산기로 하나하나 직렬 연산하는 것은 매우 시간이 오래 걸리는 작업이었다. GPU는 비교적 단순한 연산을 여러 데이터에 동일하게 적용할 작업이 있을 때, 그것을 수백, 수천 개 계산기에서 병렬로 처리할 수 있는 프로세서다.

이름에서 알 수 있듯이, GPU는 원래 컴퓨터 그래픽 처리에 필요한 연산을 처리하려고 고안되었으며, 지금도 게임, 영상처리 등에 활용되고 있다. 하지만 GPU의 높은 병렬 연산 성능을 그래픽 처리 외의 작업에도 사용하고자 하는 GPGPU(general-purpose computing on graphics processing units) 개념이 도입되면서 GPU의 역할은 그래픽 처리에만 국한되지 않고, 각종 과학 시뮬레이션, 기상 예측 등 다양한 무대로 나아갈 수 있었다.

인공신경망의 가능성을 보여 주고 인공지능 혁명의 시작을 알린 알렉스넷은 GPU의 높은 병렬 연산 성능을 기반으로 대규모 데이터 세트에 대한 학습을 거쳐 시각 인공지능을 구현할 수 있었다. 알렉스넷을 기점으로 GPU에서 가속할 수 있는 딥러닝 알고리즘이 주목받기 시작하면서 GPU는 인공지능 연구자들에게 중요한 도구로 자리 잡게 된다. 특히, 그 과정에서 GPU상에서

GPGPU 연산을 효율적으로 처리할 수 있는 접근성 높은 소프트웨어 인프라를 오랜 기간 개발해 온 엔비디아의 GPU가 딥러닝의 학습과 추론에 필수 역할을 하며 인공지능 혁명의 촉매가 될 수 있었다.

GPU가 인공지능 처리에서 중요한 역할을 했지만, 그조차 인공지능의 규모가 점점 더 커지며 복잡한 대량의 연산 요구를 충족하기가 어려워지기 시작했다. 특히, 한정된 전력 자원 내에서 최대로 효율적인 연산을 수행해야 하는 프로세서의 특성상, 인공지능의 핵심 연산을 더욱 효율적으로 처리할 수 있는 특화된 구조가 필요했다. GPU가 아무리 병렬 연산에 강하다지만, 원래 그래픽 처리를 하려고 만들어진 구조였기 때문이다.

이런 배경에서 등장한 것이 인공지능 전용 시스템 반도체, 신경망 처리장치(neural processing unit, NPU)다. NPU는 인공지능 알고리즘, 특히 딥러닝 연산에 최적화된 반도체로, 일반적으로 행렬과 벡터에 대한 병렬 처리 성능을 극대화할 수 있는 방향으로 설계되었다. NPU는 특정 연산에 특화된 구조를 지니다 보니 CPU와 같은 범용 연산, GPU의 그래픽 처리 또는 범용 병렬 연산에 적합하지 않다. 그만큼 용도가 많이 제한됨에도 대규모 인공지능 연산의 중요성이 증가함에 따라 NPU의 중요성도 함께 주목받고 있다. 그 결과, 현재 NPU는 초거대 인공지능을 학습하려는 대규모 슈퍼컴퓨터, 자율주행을 도우려고 자동차에 들어가는 칩, 모바일 환경에서 사용자의 편의성을 돕는 칩 등 다양한 스케일의 시스템 반도체로 구현되고 있다. 특히, NPU의 높은 시장성과 초거대 인공지능의 잠재력에 힘입어 대한민국을 포함한 전 세계 다수 그룹에서 NPU를 경쟁적으로 개발하고 있다.

구글에서 이세돌 9단과 벌인 바둑 대전에서 승리한 2016년 당시, 알파고는 구글에서 자체 개발한 NPU인 TPU(tensor processing unit) 48개로 만들어진 컴퓨팅 시스템을 활용해 구현되었다(Silver, 2017). GPU를 활용한 인공지능 시장의 강자였던 엔비디아는 2017년 인공지능 연산에 특화된 텐서 코어(tensor core) 구조가 포함된 볼타(Volta) V100 GPU를 발표했다. 구글은 2024년 6세대 TPU의 출시가 예정되어 있으며, 엔비디아도 암페어(Ampere) A100, 호퍼(Hopper) H100, 블랙웰(Blackwell) B100 등의 제품을 내놓으며 성능 향상을 계속하고 있다(Vahdat, 2023; NVIDIA, 2024).

이러한 인공지능 시스템 반도체의 개발 경쟁은 특히 트랜스포머를 기반으로 초거대 인공지능이 주목받기 시작한 2020년대에 가속되었다. 엔비디아와 마찬가지로 기존 GPU를 설계해 오던 AMD도 MI300 등 인공지능에 특화된 GPU를 설계하고 있으며, 영국 그래프코어(Graphcore)의 IPU(intelligence processing unit), 전기 자동차로 유명한 테슬라(Tesla)의 D1 프로세서, 마이크로소프트의 MAIA 100 등 기존 시스템 반도체를 설계하거나 제작하지 않는 기업에서도 NPU 설계에 뛰어들었다. 해외 거대 기업뿐 아니라 국내에서도 퓨리오사AI(FuriosaAI), 리벨리온(Rebellions), 사피온(SAPEON) 등 NPU 칩을 설계하는 스타트업들이 생겨났으며, 삼성전자에서도 거대 언어 모델을 지원하는 NPU, 마하-원(Mach-1) 프로세서 설계를 진행하고 있다(전원, 2023).

더 빠른 인공지능 연산을 위해

전통적인 합성곱 인공신경망, 최신 트랜스포머 구조 등 대부분 인공지능 연산에서 가장 대규모로 필요한 연산은 소수(3.141592 등의 숫자)로 이루어진 행렬 간의 곱셈 연산이다. 결국 컴퓨터 시스템에서 인공지능의 학습과 추론에 필요한 연산을 최대한 빠르게 처리하려면 '소수'에 대한 '행렬 곱' 연산을 빠르게 수행할 수 있는 것이 중요하다. 인공지능 전용 시스템 반도체, NPU에서는 어떤 전략으로 기존 CPU와 GPU 대비 효율적으로 높은 성능을 달성할 수 있을까?

부동소수점(floating point)이란 0과 1로 이루어진 비트(bit)로 데이터를 이해하는 디지털 컴퓨터가 '소수'를 이해하는 데이터 표현 방식이다. 전통적인 CPU와 GPU에서는 32비트 단정밀도(single precision)와 64비트 배정밀도(double precision)의 부동소수점 데이터 형태가 가장 널리 사용되었다.

부동소수점 데이터에 대한 연산 성능은 기존 그래픽을 처리하는 GPU 또는 과학 시뮬레이션, 기상 예측 등 슈퍼컴퓨터 연산을 수행하는 CPU 등에서도 중요하게 여겨져 그와 같은 컴퓨팅 시스템의 연산 성능을 플롭스(floating point operations per second, FLOPS, 초당 부동소수점 연산)라는 성능 수치로 표기해 왔다.

하나의 소수 값을 더 많은 비트로 표현할수록, 더 넓은 범위의 수를 더 세밀하게 표현할 수 있지만, 데이터 저장에 용량이 더 큰 메모리가 필요해지며, 계산에 더 많은 시간과 자원이 필요해진다. 인공신경망, 특히 초거대 인공지능은 막대한 연산량이 있어야 하지만, 연산의 종류와 성격에 따라 상당 부분의 연산을 정밀도가 낮은 부동소수점 데이터로 처리할 수 있는 특성이 있다. NPU는 그러한 연산에 대하여 전통적인 단정밀도 또는 배정밀도 부동소수점 데이터 형태보다 작은 16비트, 8비트, 심지어 4비트의 작은 데이터로 부동소수점 계산을 처리하는 전략을 취하고 있다.

NPU에서 부동소수점 숫자에 대한 계산을 담당하는 연산기 유닛, FPU(floating point unit)는 일반적으로 작은 데이터타입에 대한 병렬 연산 능력을 지닌다. 즉, 한 번에 1개의 단정밀도 부동소수점 계산을 처리할 수 있는 FPU가 16비트 연산 2개, 8비트 연산 4개를 한 번에 처리할 수 있다. 이러한 전략은 고정밀 연산이 필요하지 않은 초거대 인공신경망 연산 구간에 대하여 메모리 사용을 줄이고 연산 성능을 높일 수 있게 한다.

2024년 엔비디아에서 발표한 B100 칩 1개는 위와 같이 다양한 부동소수점 형태를 지원하여 16비트 데이터에 1.75페타플롭스(10^{15}FLOPS), 8비트 데이터에 3.5페타플롭스, 4비트 데이터에 7페타플롭스의 성능을 제공한다(NVIDIA, 2024). 7페타플롭스라는 성능 수치는 비록 데이터타입이 다른 비교이지만, 1초에 23테라(10^{12})의 연산을 수행하던 구글 TPU 1세대와 비교해서 약 300배 증가한 성능이라고 볼 수 있다.

두 번째로, NPU는 인공지능 연산을 더 효율적으로 처리하려고 구조와 구현 방식에 따라 모두 다르지만, 일반적으로 '행렬 곱' 연산을 효율적으로 수행하는 구조를 지닌다. 우리가 손으로 행렬 A와 B를 곱할 때, A의 행(row) 한 줄과 B의 열(column) 한 줄을 뽑아 서로 곱하고 더해서 결과 행렬 C의 값 1개를 계산한다. NPU의 연산기는 행렬을 피연산자로 받아 위와 같은 내적(dot product) 연산을 대규모로 병렬 처리하는 구조를 지닐 수 있다. 예를 들어, 엔비디아의 텐서 코어와 그래프코어의 IPU가 내적 연산을 수행하는 방식으로 행렬 곱을 처리한다.

반면, 연산기를 행렬의 형태에 최적화한 2차원 형태로 배치하고 피연산 행렬도 2차원 형태로 전달하는 구조를 지닐 수도 있다. 구글의 TPU가 이러한 형태로 행렬 곱 연산을 처리하며, 이는 시스톨릭 어레이(systolic array)라고 불린다. 이처럼 행렬 곱 연산에 최적화된 형태는 0차원 데이터(스칼라)나 1차원 데이터(벡터)에 대한 연산을 수행하기에는 비효율적인 형태를 보이며, 결과적으로 인공지능이 아닌 일반 연산에 불리한 구조가 된다.

범용성이 낮은데도 인공지능 계산용 GPU 또는 NPU는 현재 전 세계 시스템 반도체 시장을 주도하고 있다. NPU는 '소수'를 표현하는 부동소수점 형태를 더 작고 다양하게 만들어 연산 성능을 끌어올리고, '행렬 곱'에 특화된 연산기 배치와 구조를 지녀 인공지능에 필요한 연산을 효율적으로 처리할 수 있게 되었다. 메타의 라마(LLaMA) 3.1 405B 모델, 오픈AI의 GPT-4 등 거대 언어 모델이자 초거대 인공지능으로 볼 수 있는 인공지능 모델은 엔비디아 H100 GPU 1만 대 이상을 사용하여 학습할 수 있었다. 효율적인 구조로 과거의 시스템 반도체로는 상상할 수 없는 성능을 지니게 된 NPU가 없었다면, 초거대 인공지능은 등장하지 못했을 것이다.

인공지능을 위한 슈퍼컴퓨터

기존 슈퍼컴퓨터는 수많은 CPU를 하나의 시스템으로 묶어 기상 예측, 과학 시뮬레이션 등에 필요한 대량의 연산을 병렬 처리할 수 있는 능력을 지녔다. 대한민국 기상청에서 2021년 도입한 마루와 그루 역시 CPU 기반의 슈퍼컴퓨터로, 38개 코어를 갖는 CPU 8064개를 묶어 약 30만 개 코어를 지니며 25.5페타플롭스의 성능을 달성했다(국가기상슈퍼컴퓨터센터). 특히, 슈퍼컴퓨터 그루는 기후변화 시나리오 등 장기적인 기상 예측을 위한 연산에 사용되고 있다. 전통적인 슈퍼컴퓨터에서 실행되는 기상 예측 등의 계산은 일반적으로 높은 정밀도와 다양한 형태의 프로그램 실행이 필요하므로, 인공지능 연산에만 특화된 NPU보다는 CPU로 구성된 슈퍼컴퓨터가 주를 이루어 왔다.

인공지능 발전의 초기에 주로 연구되던 인공지능 모델은 GPU 또는 NPU의 단일 디바이스 또는 수십 개 수준의 컴퓨팅 환경으로도 학습과 추론을 할 수 있었으므로 슈퍼컴퓨터 규모의 컴퓨팅 시스템을 사용할 필요가 없었다. 대표적으로 알렉스넷은 약 1.5테라플롭스의 성능이 있는 엔비디아 GTX580 GPU 2개를 사용하여 학습되었다. GTX580 1개의 성능은 B100의 4비트 연산 성능보다 약 4600배 느린 성능이라고 볼 수 있으며, 이로써 초기 인공신경망 모델에 필요한 연산량이 현세대의 시스템 반도체 성능에 비해 매우 낮음을 알 수 있다.

거대 언어 모델이 등장하고 인공신경망 파라미터의 규모가 기하급수적으로 증가하여 수천억, 조 단위로 커지면서 NPU의 성능 향상이 무색할 정도로 많은 NPU를 한꺼번에 실행할 필요가 생겨났다. 이에 따라 기존 슈퍼컴퓨터와는 다른 형태의 수천 개 이상 NPU나 GPU가 동시에 작동하는 인공지능 특화 슈퍼컴퓨터가 등장하게 되었으며, 이로써 거대 언어 모델 등 대규모 딥러닝 모델의 학습 시간이 크게 단축되고 있다.

대표적인 예로, 구글은 자사에서 직접 설계하고 개발한 TPU를 기반으로 만들어진 슈퍼컴퓨터를 운영하며, 구글에서 서비스 중인 거대 언어 모델 제미나이가 TPU 기반 슈퍼컴퓨터에서 학습되었다(Vahdat, 2023). 오픈AI, 메타, 마이크로소프트 등 거대 언어 모델을 개발하는 그룹은 1만 대 이상의 GPU를 한데 묶어 자체 인공지능 슈퍼컴퓨터를 구축하고 인공지능 학습과 서비스에 활용하고 있다.

인공지능 모델의 파라미터 수를 획기적으로 줄이면서도 성능을 향상할 수 있는 기술이 등장하지 않는 한, 인공지능이 인공 일반 지능이나 초지능에 도달하려면 인공지능의 규모와 연산량이 계속 증가할 가능성이 높다. 그렇게 거대해진 미래의 인공지능에 필요한 연산 성능을 충족하려면 시스템 반도체의 성능 역시 지속해서 향상되어야 한다. 하지만 단일 반도체 칩이 제공할 수 있는 성능에는 물리적 한계가 존재한다. 따라서 초거대 인공지능의 발전을 지속하려면 수많은 GPU 또는 NPU를 동시에 연결하고 병렬로 실행하면서 연산 자원을 효율적으로 관리하고 최적화할 수 있는 인공지능 슈퍼컴퓨터 설계 기술이 핵심 역할을 하게 될 것이다.

참고문헌

국가기상슈퍼컴퓨터센터. 슈퍼컴퓨터, 시스템 현황. https://www.kma.go.kr/super/supercom.jsp

전원·여준기(2023). 초거대 인공지능 프로세서 반도체 기술 개발 동향. ≪전자통신동향분석≫, 38(5), 1~11.

NVIDIA(2024). NVIDIA Blackwell architecture technical brief: Powering the new era of generative AI and accelerated computing. https://resources.nvidia.com/en-us-blackwell-architecture

Silver, D. & Hassabis, D.(2017). AlphaGo zero: Starting from scratch. Google DeepMind, https://deepmind.google/discover/blog/alphago-zero-starting-from-scratch/

Vahdat, A. & Lohmeyer, M.(2023.12.7). Enabling next-generation AI workloads: Announcing TPU v5p and AI hypercomputer. Google Cloud, https://cloud.google.com/blog/products/ai-machine-learning/introducing-cloud-tpu-v5p-and-ai-hypercomputer

07
초거대 인공지능을 담는 메모리 반도체

컴퓨터에서 거대한 규모의 인공지능을 계산하려면 거대한 규모의 데이터를 저장하고 빠르게 전달해야 한다. 고성능의 인공지능 반도체에 충분한 데이터를 전달하는 데 현재 어떤 메모리 기술이 쓰이는지, 아직은 도전적이지만 미래를 향하는 메모리 기술까지 소개한다.

쌓아 올린 고대역폭 메모리 기술

현시대 대부분 컴퓨터의 기본 구조는 '폰 노이만(Von Neumann) 아키텍처'라는 모델을 따른다. 이 구조는 계산을 담당하는 연산기와 데이터를 저장하는 메모리(memory)가 분리되어 있다. 즉, 연산기가 데이터를 처리하려면 먼저 메모리에서 데이터를 읽어 와야 하며, 그 후 계산 결과를 다시 메모리에 저장한다.

컴퓨터 시스템에서 메모리는 다양한 형태를 띠는 계층 구조로 이루어져 있는데, 연산기에 가장 가까운 레지스터(register), 캐시 메모리(cache memory), 주기억장치(main memory), 보조기억장치 등이 있다. 일반적으로 레지스터와 캐시 메모리는 주요 연산기들과 하나의 칩으로 만들어져 칩 내부, 온칩(on-chip)에서 매우 빠른 접근이 가능한 대신 전체 용량이 메가바이트 수준으로 작은 특징을 지닌다.

주기억장치는 연산기 칩과 외부에 별도로 오프칩(off-chip) 형태로 구현된 메모리로 온칩 메모리 대비 상대적으로 느리지만 기가바이트 수준의 대용량 메모리 공간을 제공한다. 흔히 디램(dynamic random access memory, DRAM)으로 불리는 것이 주기억장치이며, 대한민국의 삼성전자와 SK하이닉스가 시장을 주도하고 있는 기술이다.

마지막으로 보조기억장치는 HDD(hard disk drive)나 SSD(solid state drive)와 같은 장치를 뜻하며, 테라바이트 수준의 대용량 데이터를 저장할 수 있고, 앞선 메모리들과 달리 전원이 공급되지 않아도 데이터를 유지할 수 있지만, 접근 속도가 매우 느리다. 우리가 컴퓨터를 사용하면서 사진, 글 등의 데이터를 파일 형태로 저장할 때 보조기억장치를 사용한다고 볼 수 있다.

인공신경망의 학습과 추론에 필요한 파라미터 수는 기하급수적으로 증가해 왔다. 기능과 관계없이 몇 가지 대표적인 인공지능 모델을 보았을 때 6만(르넷-5, 1998년), 6000만(알렉스넷, 2012년), 80억(스테이블 디퓨전 3, 2024년), 4050억(라마 3.1, 2024년), 1조7000억(GPT-4, 2023년, 추정치)으로 증가했다.

이렇게 폭발적으로 증가한 초거대 인공지능을 학습하고 처리하려면 단순히 연산 속도만 빠른 시스템 반도체(CPU, GPU, NPU)뿐 아니라, 그 연산에 필요한 데이터를 더 많이 저장하고, 더 빠르게 전달하는 고용량, 고대역폭의 메모리 반도체가 필요하다.

일반적으로 인공지능 학습의 결과로 생성되는 파라미터는 32비트 또는 16비트 등의 부동소수점 데이터로 저장된다. 이에 따라, 르넷-5의 6만 개 파라미터는 6만×32비트(4바이트) = 240킬로바이트 정도의 용량을 지닌다고 볼 수 있다. 같은 계산으로 GPT-4 파라미터의 용량을 계산하면, 1조7000억×4바이트 = 6.8테라바이트가 된다(실제로는 16비트 데이터를 혼합하여 사용하는 등의 기술로 용량을 줄이기도 한다).

이처럼 거대한 데이터를 저장하고 연산기에 효율적으로 공급해 주려면 레지스터, 캐시 메모리, 주기억장치, 보조기억장치 등 모든 메모리 계층에서 성능 향상과 용량 확대가 필요하다. 하지만 여기에서는 최근 초거대 인공지능을 위한 GPU 또는 NPU에서 필수 기술로 주목받고 있는 고대역폭 메모리(high bandwidth memory, HBM) 기반의 주기억장치에 집중해 보고자 한다.

기존 주기억장치로 사용되어 온 디램은 DDR(double data rate), GDDR(graphics DDR) 표준과 기술을 기반으로 만들어진 메모리가 주를 이루었다. DDR 메모리는 일반적인 CPU 기반 컴퓨터 시스템에서 널리 쓰이며, GDDR 메모리는 DDR 메모리보다 대역폭이 높아 주로 그래픽카드에 설치되어 GPU에 데이터를 공급하는 역할을 수행한다. 특히, GDDR은 높은 대역폭을 기반으로 초기 인공지능 발전에 크게 이바지했으나, 초거대 인공지능 모델이 요구하는 메모리 대역폭과 용량을 충족하기에는 한계가 있었다. 이러한 한계를 해결하려고 등장한 기술이 HBM이다. HBM은 기존 DDR, GDDR 메모리에 비해 훨씬 높은 대역폭과 용량을 달성할 수 있는 기술로, 엔비디아의 V100, A100, H100, B100 등 초거대 인공지능 가속을 목표로 만들어진 대부분 GPU, NPU에 탑재되고 있다.

HBM은 메모리 칩을 수직으로 '쌓아 올려' 적층된 메모리 모듈을 사용한다. 기존 DDR이나 GDDR은 다수의 메모리 칩을 수평으로 나열하여 만들어졌다.

예를 들어, 어떤 기차역을 중심으로 거주 지역을 만들 때 1층짜리 주택으로만 집을 만든다면, 더 많은 집을 지을수록 중앙의 기차역과 너무 멀어져 집과 역 사이에 도보 이동이 어려워지는 집이 생겨날 것이다. 반면, 기차역 부근에 수십 층짜리 아파트를 지을 수 있다면, 한정된 면적에 더 많은 가구를 구성하고 집과 역 사이의 이동 거리도 효과적으로 줄일 수 있다. 이는 기존 평면 메모리 기술과 HBM 간의 차이와 같다고 볼 수 있다.

HBM은 메모리 칩을 수직으로 적층하여 동일 면적에 더 많은 메모리 칩을 배치할 수 있어 용량을 크게 확장할 수 있는 장점을 제공한다. 그뿐 아니라, 수평 배치 대비

짧아진 데이터 이동 거리를 기반으로 메모리 모듈 간 더 많은 데이터 통로를 사용하여 초고속, 고대역폭의 데이터 전송을 가능케 한다.

HBM에서 3차원으로 쌓아 올려진 메모리 칩들은 TSV(through silicon via)라는 기술로 서로 연결된다. 이는 마치 아파트의 엘리베이터처럼 위, 아래의 메모리 칩들을 연결하고 데이터 통신을 가능케 한다. HBM이 적용되기 직전 엔비디아의 GPU는 GDDR5 메모리를 사용하여 384비트의 버스, 약 350GB/s(1초에 350기가바이트의 데이터를 전송)의 대역폭, 24기가바이트 용량의 메모리를 지녔다(P40, 2016년). 반면, 최신 HBM3 모듈을 탑재한 엔비디아 GPU는 5120비트의 버스, 3.35TB/s(1초에 3.35테라바이트의 데이터를 전송)의 대역폭, 80기가바이트 용량의 메모리 시스템을 지녀(H100, 2023년), P40의 메모리 시스템보다 약 10배 높은 대역폭, 3배 큰 용량을 제공한다.

이처럼, HBM은 높은 성능을 바탕으로 초거대 인공지능을 위한 시스템 반도체에 필수 기술로 자리매김하고 있지만, 그 설계에 기술적 어려움이 많다.

그중 하나는 수직으로 적층된 메모리 칩들의 열 관리 문제다. 반도체는 전류가 흐르며 동작하므로 필연적으로 열이 발생한다. 메모리 칩이 평면에 수평으로 배치되었을 때는 공기에 많이 노출되어 열 배출이 상대적으로 원활했지만, HBM과 같이 적층된 구조는 위, 아래로 쌓인 메모리 칩에서 열이 계속 발생하면서 열 배출이 어렵게 된다.

또 다른 문제점은 제조 과정에서 불량 칩이 발생하고 수율을 관리하기가 어렵다는 점이다. 메모리 칩들이 평면에 흩어져 배치되는 기존 메모리 시스템에서는 그중 칩 1개가 불량일 때 그 칩만 버리면 되지만, HBM은 적층으로 쌓은 메모리 칩 중 1개 칩만 고장 나도 적층된 모든 메모리 칩을 폐기해야 한다.

이와 같은 제조의 어려움으로 HBM 개발 초기에는 회의론이 많았으며, 지금도 초고가의 GPU, NPU에만 채택될 뿐 일반 사용자용 GPU 등에는 사용되지 않는다. 그럼에도 SK하이닉스와 삼성전자의 계속된 연구 개발로 HBM 기술은 지속해서 발전하고 있으며 엔비디아 GPU뿐 아니라 구글 TPU, 퓨리오사AI 레니게이드(Renegade) NPU 등 초거대 인공지능 시스템 반도체를 위한 메모리 반도체로 널리 사용되고 있다.

똑똑해지는 미래의 메모리 반도체

폰 노이만 구조의 컴퓨터 시스템은 연산기와 메모리가 분리되어 있으므로, 연산을 수행하려면 필연적으로 데이터가 메모리에서 연산기로 이동해야 한다. 레지스터나 캐시 메모리처럼 연산기와 가까운 온칩 메모리에 데이터를 저장하여 여러 계산에 반복해서 재활용할 수 있다면 효율적이겠지만, 초거대 인공지능과 같이 방대한 데이터를 처리할 때는 재활용의 효율성이 떨어질 수 있다.

오프칩 메모리에서 연산기로 데이터를 지속해서 가져와야 하는 경우, 많은 시간이 소모될 수 있으며, 연산기가 필요한 데이터를 제때 받지 못해 쉬게 되는 메모리 병목현상이 발생할 수 있다. 병목현상이 발생하지 않더라도, 계속 오프칩에서 데이터를 가져오고 계산 결과를 다시 오프칩으로 저장하는 과정에서 에너지가 과도하게 낭비될 가능성도 있다. 이러한 폰 노이만 구조의 근본적 문제점을 완화하려고 제안된 방법이 바로 PIM(processing in memory) 기술이다.

PIM 기술은 데이터 연산을 CPU, GPU, NPU 같은 시스템 반도체에서 전부 처리하는 것이 아니라, 메모리 자체에서 일부 연산을 처리하는 방식이다. 데이터가 저장된 곳에 연산기를 구현함으로써 전통적인 폰 노이만 구조에서 발생하는 데이터 이동을 줄이거나 없앨 수 있다. 이로써 연산기와 데이터 간의 물리적 거리가 줄어들어 메모리 병목현상과 데이터 이동에 낭비되는 에너지 소모를 완화할 수 있다.

이러한 PIM 기술의 개념은 1970년대부터 제안되었지만, 당시에는 GPU와 NPU 등 고성능 병렬 프로세서보다 전통적인 CPU가 주를 이루었으므로 메모리 안에 연산기를 구현하는 것보다 메모리 대역폭을 확장하는 방향으로 기술 발전이 이루어졌다(Stone, 1970).

일반적으로 메모리 칩에 필요한 디램 셀(커패시터 등)을 제작하는 공정과 시스템 반도체의 연산기를 제작하는 공정은 서로 달라서 하나의 칩에 두 가지를 동시에 구현하는 것은 기술적으로 어렵다. 이에 따라 PIM에 관한 연구 논문은 지속해서 발표되었으나, 실제로 작동할 수 있는 칩 수준으로 발전하지는 못해 왔다. 그러나 최근 인공지능, GPU와 NPU, HBM 등의 기술이 급속히 발전하면서 PIM 기술에 관한 관심이 높아졌고, 실제 칩으로 설계되어 양산할 수 있는 수준의 제품들이 등장하기 시작했다.

삼성전자는 2021년 HBM2 규격의 메모리 칩에 연산 능력을 추가한 FIMDRAM(function-in- memory DRAM) 기술을 발표했다(Kwon, 2021). FIMDRAM은 DRAM 내부의 일부 데이터 저장 공간을 제거하고 그 자리에 연산을 수행할 수 있는 회로를 추가한 장치다.

특히, 삼성전자는 단순한 처리(processing)를 넘어 다양한 기능(function)을 지원한다는 의미로 FIM이라는 명칭을 내세웠다. FIMDRAM은 16비트 부동소수점 데이터에 대한 사칙연산과 데이터 이동 등의 기능을 HBM2에 추가하여, 원래 8기가바이트의 용량을 가진 HBM2 디바이스에서 용량을 6기가바이트로 줄이는 대신 1.2테라플롭스(floating point operations per second, FLOPS, 초당 부동소수점 연산)의 연산 성능을 제공할 수 있었다. FIMDRAM은 AMD의 고성능 GPU인 MI100의 메모리 시스템에 탑재되어 그 효과를 입증하기도 했다.

한편, SK하이닉스는 2022년에 HBM이 아닌 GDDR6를 기반으로 PIM 기능을 구현한 AiM(accelerator-in-memory) 기술을 발표했다(Kwon, 2022). AiM 역시 16비트 부동소수점에 대한 다양한 산술연산을 지원하며, 메모리 모듈 근처에 연산기를 구현한 방식도 FIMDRAM과 유사한 목적이 있었다. AiM의 가장 큰 차별점은 다양한 활성화 함수(activation function)에 대한 연산을 자체적으로 지원한다는 점이다. AiM은 시그모이드(sigmoid), 하이퍼볼릭 탄젠트(tanh), 겔루(gaussian error linear unit, GELU), 렐루(rectified linear unit, ReLU), 리키 렐루(leaky ReLU) 등 인공신경망 모델에서 널리 사용되는 활성화 함수를 PIM으로 처리해 데이터가 메모리 모듈 밖으로 이동할 필요성을 줄임으로써 더 효율적인 PIM 동작을 가능하게 한다.

이처럼 PIM 기술은 실제 사용할 수 있는 수준으로 발전하고 있지만, 여전히 몇 가지 한계가 존재한다. 먼저, 메모리 반도체와 시스템 반도체를 물리적으로 하나의 시스템으로 통합하는 과정에서 구현 난도가 높아진다는 문제가 있다. 이에 따라 삼성전자와 SK하이닉스 같은 고도의 메모리 제조 기술을 보유한 소수의 업체만이 실제 제품 개발을 진행하고 있다.

또한 그러한 난관을 뚫고 만들어진 PIM 연산 모듈이 전력 소모가 많아야 하는 고성능 연산기가 되기 어렵다는 문제가 있다. GPU나 NPU 같은 시스템 반도체는 수백 와트의 전력을 사용해도 문제가 없지만, HBM이나 GDDR 같은 메모리 모듈은 수십 와트의 전력을 사용하기에도 어려움이 있다.

마지막으로, 사용자 관점에서 연산자의 위치가 두 개

로 늘어나면서 이를 효율적으로 관리하고 사용하는 난도가 높아질 수 있다. 데이터를 PIM으로 처리하려면 데이터가 주기억장치 메모리 시스템에 있어야 하는데, 만약 해당 데이터가 이미 GPU나 NPU로 넘어간 상태라면 굳이 PIM으로 다시 가져와 처리하기보다는 GPU나 NPU에서 바로 처리하는 것이 더 나을 수 있다. 따라서 사용자는 인공지능 모델의 특성과 작동 흐름을 파악해 어떤 연산을 시스템 반도체에서 처리하고, 어떤 연산을 PIM에서 처리할지를 신중히 고민해야 할 것이다.

인공지능 모델이 점점 거대해짐에 따라 더 높은 대역폭의 성능과 용량이 더 큰 메모리 반도체에 대한 수요가 커지고 있다. 폰 노이만 구조의 한계를 완화하려고 제안된 PIM 기술은 메모리 내에서 데이터를 처리해 불필요한 데이터의 이동을 억제함으로써 메모리 시스템을 더 효율적이고 똑똑하게 만들어 줄 수 있는 잠재력이 있다.

비록 아직은 하드웨어 설계와 구현에 어려움이 있고 소프트웨어 개발의 난도가 증가하는 등 PIM 기술에 한계가 있지만, 초거대 인공지능이 요구하는 메모리 성능과 에너지 소모 요구치를 메모리 반도체가 따라가지 못하는 때가 오면, PIM 기술이 돌파구가 될 수 있을 것이다.

지금까지 컴퓨팅 시스템의 발전은 CPU, GPU, NPU 등 연산기를 중심으로 이루어졌고 메모리 반도체는 그를 돕는 역할이 강했다. 하지만 처리해야 할 데이터의 규모가 거대해지면서 데이터를 연산기로 가져오는 것이 아닌 연산기를 데이터로 가져가는, 메모리 중심 컴퓨팅(memory-centric computing)의 패러다임이 떠오르고 있다. PIM 하드웨어와 소프트웨어 기술의 발전은 메모리 중심 컴퓨팅을 가능케 할 것이다.

참고문헌

Kwon, Y., et al.(2022). System architecture and software stack for GDDR6-AiM. In 2022 IEEE Hot Chips 34 Symposium (HCS), 1~25.

Kwon, Y. C., et al.(2021). 25.4 a 20nm 6gb function-in-memory dram, based on hbm2 with a 1.2 tflops programmable computing unit using bank-level parallelism, for machine learning applications. In 2021 IEEE International Solid-State Circuits Conference (ISSCC), 64, 350~352.

Stone, H. S.(1970). A logic-in-memory computer. IEEE Transactions on Computers, 100(1), 73-78.

08
인공지능 소프트웨어 패권

인공지능 모델 설계와 소프트웨어는 어떤 환경에서 개발되는지를 알아보고, 소프트웨어 안에서 무엇이 독점적 지위를 갖는지, 인공지능 소프트웨어상 독점이 어떻게 인공지능 하드웨어 독점으로 이어지는지 알아본다.

인공지능 모델 개발의 특성

인공지능은 2012년 알렉스넷이 등장한 이후 놀라운 발전 속도를 보여 주고 있다. 사진 속 물체를 미리 공부한 사물 목록 중에서 맞히는 수준이었던 인공지능 기술은 12년 동안 글, 그림, 음악, 영상을 창작하고, 인간의 언어를 이해하고, 복잡한 문제를 해결하는 등 과거에는 컴퓨터가 하는 것이 불가능하다고 여겨졌던 작업을 할 수 있는 수준으로 진화했다.

그 배경에는 인공신경망 학습 과정을 빠른 속도로 처리할 수 있게 발전한 반도체 기술과 학습에 필요한 데이터를 제공해 준 빅데이터 기술의 발전도 있었지만, 인공신경망 모델의 구조 설계와 학습 · 추론 방법 등 인공지능 자체에 관한 연구 역시 획기적 성과를 보인다.

당연한 이야기지만, 단순히 많은 학습 데이터를 빠른 컴퓨터로 계산한다고 해서 컴퓨터에 인공적 지능이 생겨나지는 않는다. 그 많은 데이터를 어떻게 효율적으로 계산하고 학습해서 적합한 인공신경망 파라미터를 계산해 낼지, 인공신경망 노드를 어떻게 배치하고 유기적으로 연결해서 처리하고자 하는 기능에 맞도록 데이터를 컴퓨터에 이해시킬지를 결정짓는 것이 바로 인공신경망의 설계와 최적화 기술이며, 그러한 인공지능 설계도는 모두 코드로 작성된다.

인공지능에 관한 연구는 그 특성상 검증이 매우 빠르고 투명하며, 재현성(reproducibility)이 높은 분야 중 하나로 꼽힌다. 재현성은 한 연구자가 실험을 수행하고 발표한 이론 등에 대해 같은 환경에서 다시 실험을 수행했을 때 같은 결과가 도출되는지 관찰하는 것이다. 아무리 혁신적인 결과를 보이는 연구도 발표 당시에만 실험에 성공하고 두 번 다시 재현할 수 없다면 큰 의미를 갖기 어려울 것이다.

실제 실험실에서 손과 눈금으로 양을 조절하고 공기 중에 시료가 노출되는 등 실험 환경과 변수 요인을 통제하기 어려워 재현성이 낮은 연구 분야도 존재할 것이다. 하지만 인공신경망 모델은 구체적인 수학적 기반 위에서 작동하며, 그 결과가 컴퓨터상에서 정량적으로 평가될 수 있다. 연구자는 인공지능 관련 새로운 알고리즘이나 모델을 제안할 때 그 성능을 명확한 수치나 지표로 평가하며, 그 결과를 다른 연구자들이 같은 환경에서 쉽게 검증할 수 있도록 한다.

컴퓨터상에서 이루어지는 인공지능 계산은 실험 환경에 따라 CPU, GPU, NPU, 메모리 등이 달라지더라도 계산 시간에 차이가 있을지언정, 계산 결과는 같은 값을 지니다. 예를 들어, 시각 인공지능 모델들은 엠니스트(MNIST), 사이파-텐(CIFAR-10), 이미지넷(ImageNet) 등 다양한 인공신경망 모델에서 공통으로 시험될 수 있는 테스트 세트를 활용해 성능을 검증한다. 쉽게 말해, 같은 사진 100장을 서로 다른 인공신경망에 입력으로 넣어 몇 장의 사진 속 물체를 정확히 맞히는지 판단하는 방식으로 검증을 수행하며, 이는 실험 컴퓨터 환경 등이 변해도 항상 매우 유사한 결과를 보인다.

인공지능의 발전을 이끄는 연구는 주로 전 세계 빅테크, 대학교, 연구소 등에서 발표하는 논문으로 이루어지고 있다. 특히, 이러한 연구 논문은 여러 대형 국제 학회(conference)에서 발표 · 논의되고 발전되어 가는데, 대표적으로 CVPR(conference on Computer Vision and Pattern Recognition), NIPS(Neural Information Processing Systems), ICLR(International Conference on Learning Representations), ICML(International Conference on Machine Learning) 등이 그것이다.

이와 같은 인공지능 학회에서는 논문 제출 시 재현성을 보장하고자 실험에 사용된 프로그램 코드와 데이터를 함께 제출하기를 강하게 권장하며, 이것이 하나의 관행이 되고 있다. 우리가 아주 멋진 인공지능 구조와 알고리즘을 개발했다 해도 원작자의 코드가 공개되지 않는다면, 그것을 코드로 구현하는 과정에서 개발자에 따라 모델의 성능과 효과가 크게 달라질 수 있다. 특히, 발표된 모델을 기반으로 후속 연구를 진행하여 개선과 발전이 이루어지려면 이미 발표된 연구를 재현하는 것이 매우 중요한데, 아이디어만 공개되고 코드가 공개되지 않으면 실험을 재현하는 과정에서 많은 시간과 자원이 낭비될 수 있다.

이들 학회는 연구자들에게 '재현성 체크리스트'와 같은 가이드라인을 제공하여 코드와 데이터 공개뿐 아니라 연구 과정에서 실험 환경, 데이터 전처리 방법 등을 명확하게 설명하도록 권장하며, 이로써 연구 결과가 왜곡되지 않도록 한다. 이와 같은 관행은 인공지능 연구자들 사이에서 발표된 연구 결과의 높은 신뢰성을 유지하고, 연구 성과가 더욱 널리 확산할 수 있도록 하는 중요한 장치로 기능하고 있다.

그렇게 제출된 인공신경망 모델을 묘사하는 코드를 전 세계 어디에서도 실행해서 실험해 보고 검증하려면 연구자들 간에 일관된 소프트웨어 개발 환경을 구축하는 것이 중요하다. 인공지능 연구 과정에서 이러한 일관성을 제공하는 대표적 도구가 바로 인공지능 프레임워크(framework)다.

프레임워크는 어떤 작업을 도우려고 미리 정의된 개발 구조와 도구를 제공하는 소프트웨어 플랫폼을 의미하며, 자주 사용되는 작업이나 코드 등을 미리 구현해 두고 재사용할 수 있는 편의성 등을 제공한다. 최근 가장 많이 사용되는 인공지능 프레임워크로는 텐서플로(TensorFlow)와 파이토치(PyTorch)가 있는데, 모두 개발자와 연구자 모두가 쉽게 사용할 수 있는 환경을 제공하며 컴퓨팅 시스템이 바뀌어도 높은 재현성이 보장되는 것을 도와준다.

텐서플로는 2015년 구글에서, 파이토치는 2016년 페이스북(현 메타)에서 공개한 오픈소스 인공지능 프레임워크로, 둘 다 주로 파이선(Python) 프로그래밍 언어를 사용하여 인공지능 모델을 정의하고 설계할 수 있다. 이와 같은 인공지능 프레임워크들은 인공지능 관련 다양한 완성된 코드를 라이브러리(library) 형태로 제공해 주고, GPU를 활용한 연산 가속을 지원하는 등 인공지능 모델을 개발하고 성능을 시험할 수 있는 표준화된 환경을 제공하며, 연구자들 사이에서 상호 검증과 피드백이 원활하도록 돕는다. 어떤 컴퓨터 환경에서도 같은 프레임워크를 설치하면 공개된 인공지능 모델 코드를 실험해 볼 수 있으며 연구 논문에서 제안되는 새로운 알고리즘 기술과 구조를 재현해 볼 수 있다.

전 세계 인공지능 개발자가 비교적 일관되게 사용하는 소수의 개발 프레임워크, 완전히 새로운 인공지능 모델이 개발되어도 기존 프레임워크 위에서 바로 실행해 볼 수 있도록 공개되는 코드, 객관적인 성능 평가와 상호 검증 방식 등 인공지능 모델은 투명한 연구 환경을 배경 삼아 빠르게 발전할 수 있었다.

인공지능 개발 환경에서 록인 효과

록인(lock-in) 효과는 특정 기술이나 제품을 사용함으로써 다른 대체 기술이나 제품으로 전환하기 어렵게 되는 현상을 뜻한다. 소비자나 개발자들이 이미 사용하고 있는 시스템, 플랫폼, 생태계 등에 깊이 의존하게 되어 비용, 시간, 노력 등의 이유로 쉽게 대안으로 이동하지 못하는 상황을 만든다. 대표적인 예로 스마트폰 운영체제인 안드로이드와 아이폰 간의 관계를 들 수 있다. 일반적으로 사용자가 아이폰 생태계에 익숙해지면 앱, 서비스, 데이터 호환성, 사용자 인터페이스 등 다양한 요소 때문에 안드로이드로 전환하기가 쉽지 않으며, 반대도 마찬가지다.

록인 효과는 컴퓨터 소프트웨어 개발 환경에서도 나타나며, 한 예로 CPU의 명령어 집합(instruction set architecture, ISA)에서 이러한 현상이 두드러진다. ISA는 CPU, GPU, NPU 등의 프로세서에서 지원하는 다양한 종류의 연산과 동작을 정의한 명령어들의 집합으로, 사용자는 ISA에 정의된 명령어를 하나하나 프로세서에 입력함으로써 사용자가 원하는 동작을 프로세서가 실행하도록 할 수 있다.

인텔의 x86 ISA는 전 세계적으로 가장 널리 사용되고 성공한 ISA 중 하나다. 컴퓨터 구조를 전공하지 않은 사람도 286, 386 등의 숫자로 컴퓨터 사양을 정의하는 것을 본 적이 있을 것이다. 이 아키텍처는 1970년대에 처음 도입되어 수십 년에 걸쳐 수많은 소프트웨어가 x86을 기반으로 개발되었다. 현재도 x86을 확장한 x86-64가 데스크톱, 노트북, 서버 등 거의 모든 컴퓨터의 ISA로 사용되고 있다.

수십 년 역사 동안 MIPS, SPARC, IA-64 등 다양한 ISA 도전자가 있었지만 매우 제한적인 상황에서만 사용될 뿐 x86의 시장 지배력에 흠집을 낼 수 없었다. 이처럼 강력한 지배력의 핵심 이유 중 하나는 소프트웨어의 호환성이다. 새로운 ISA로 전환하려면 기존의 모든 소프트웨어를 새롭게 개발해야 하는데, 이는 시간과 비용 면에서 부담이 매우 크다. 대부분 기업과 개발자는 이를 감수하면서까지 새로운 ISA로 전환할 이유가 없으므로 자연스럽게 x86 ISA에 의존하게 되었다.

x86을 제외한 ISA 중 거의 유일하게 성공한 예는 바로 ARM ISA다. ARM ISA는 저전력 프로세서의 특성을 살려 스마트폰과 같은 모바일 장치에 매우 적합한 ISA로 자리 잡았다. 삼성전자의 엑시노스(Exynos), 퀄컴(Qualcomm)의 스냅드래곤(Snapdragon), 미디어텍(MediaTeck), 애플(Apple)의 모바일 프로세서 등 대부분 스마트폰과 모바일 전자기기에 들어가는 프로세서는 ARM ISA를 기반으로 만들어진다. 이와 같은 성공은 모바일 기기에서 완전히 새로운 환경을 구축할 수 있었기 때문이다. 즉, 기존 x86 기반 소프트웨어와 호환성 문제가 중요하지 않았으므로 저전력이라는 강점을 지닌 새로운 ISA를 사용하는 것에 무리가 없었다. 스마트폰이 시장에 나온 지 10년 이상 지난 지금, ARM ISA는 모바일 소프트웨어 개발 환경에서 공고한 록인 효과를 보여 주고 있다.

인공지능 분야에서도 소프트웨어 개발 환경에서의 록인 효과가 크게 작용할 수 있다. 인공지능 시스템은 대규모 데이터, 복잡한 알고리즘, 강력한 하드웨어 자원 등이 있어야 하며, 이는 특정 프레임워크나 하드웨어에 종속되는 경향을 만들게 된다. 인공지능 모델은 대규모 연산을 요구하며, 이를 빠르게 처리하려면 GPU나 NPU 같은 고성능 하드웨어가 필요하다. 특히 엔비디아의 GPU는 현재 인공지능 개발에서 사실상 표준으로 자리 잡고 있으며, 쿠다(compute unified device architecture, CUDA)라는 독점 API(application programming interface)를 사용하여 GPU 성능을 극대화할 수 있다.

쿠다는 기존 그래픽 처리에 한정되어 있던 엔비디아 GPU의 역할을 GPGPU로 확장할 수 있도록 2000년대 중반에 발표된 API다. 프로그래머는 쿠다를 이용해 그래픽 처리가 아닌 일반 연산에 대해서도 C, C++ 등 프로그래밍 언어에서 쿠다 API를 불러와 GPU로 병렬 연산을 수행할 수 있게 되었다. 인공지능 붐이 일어나기 전부터 쿠다에 대한 투자로 병렬 처리 프로그래밍의 선두 주자가 될 수 있었던 엔비디아는 딥러닝이 주목받기 시작한 2010년대 초반부터 딥러닝을 위한 쿠다 라이브러리인 cuDNN(쿠다 deep neural network)을 출시하는 등 쿠다가 일반 병렬 프로그램을 넘어 인공지능 프로그래밍에서 표준에 준하는 지위에 있을 수 있도록 노력했다.

그 결과, 수많은 인공지능 관련 알고리즘과 최적화된 병렬 처리 기법 등 각종 최신 인공지능 연산 기술이 쿠다로 개발되었고, 이는 앞서 소개한 인공지능 프레임워크와 연동되어 널리 퍼져나갔다. 그리고 쿠다로 개발된 코드가 포함된 프로그램은 오직 엔비디아에서 제작된 GPU에서만 실행할 수 있다.

일반적인 인공지능 개발자는 인공지능 프레임워크를 사용하기 마련이고, 그 과정에서 자연스럽게 쿠다 기반 병렬 처리 라이브러리를 활용하게 된다. 그리고 이는 엔비디아 GPU를 구매하는 방향으로 이어진다. 엔비디아가 시스템 반도체의 리더로 올라서고, 특히 인공지능 반도체 시장의 90%를 차지하게 된 배경에는 오랜 기간 투자해 온 쿠다의 역할이 매우 컸다(오진영, 2024).

과거 데스크톱 프로그래머들이 x86 ISA에, 모바일 프로그래머들이 ARM ISA에 록인되어 의존하게 된 것처럼, 인공지능 개발자들은 쿠다 생태계에 깊이 묶여 있다. 이는 곧 엔비디아가 인공지능 소프트웨어 개발 환경뿐 아니라 하드웨어 시장까지 장악하게 된 중요한 원동력이다. 엔비디아는 인공지능 소프트웨어 개발 환경에 초기부터 꾸준히 투자하고 적극적으로 지원하며, 인공지능 하드웨어 시장에서도 독보적 위치를 차지했다.

최근 초거대 인공지능이 보여 주는 놀라운 성과와 미래 인공지능에 대한 기대 그리고 거기에서 이어지는 엔비디아 GPU에 대한 기대감으로 엔비디아는 2024년 6월 중순, 잠깐이지만 애플과 마이크로소프트를 제치고 시가총액 세계 1위 기업으로 등극하기도 했다(임경아, 2024). 수많은 인공지능 시스템 반도체 설계 그룹이 엔비디아에 도전하지만, 엔비디아는 이미 소프트웨어와 하드웨어 모든 면으로 강력한 생태계를 구축한 상태다. 앞으로의 경쟁에서도 엔비디아가 지속해서 기술적으로 우위에 있을 수 있을지, 또는 기존의 록인 효과를 깰 만큼 혁신적인 기술이 등장해 시장 판도를 바꿀 수 있을지는 미지수다.

참고문헌

오진영(2024.2.27). AI 칩 90% 독점한 엔비디아, 그 중심엔 '쿠다'…장기 집권의 무기. 머니투데이, https://news.mt.co.kr/mtview.php?no=2024022712195070004

임경아(2024.6.19). 'AI 열풍'‥엔비디아, 시가총액 1위 등극. MBC 뉴스, https://imnews.imbc.com/replay/2024/nwtoday/article/6609202_36523.html

09

인공지능 하드웨어 개발 경쟁

2024년 초거대 인공지능을 학습하는 하드웨어 시장은 엔비디아가 독점하고 있다. 수많은 그룹에서 그 독점에 도전하는 이유와 배경을 알아보고 초거대 인공지능 기술에서 독립의 중요성을 설명한다. 또한 아직 활성화되지 않은 미래 시장의 가능성을 알아본다.

초거대 인공지능 하드웨어 독점과 도전

엔비디아는 인공지능 소프트웨어 분야에서 쿠다를 내세운 전략으로 인공지능 병렬 계산을 위한 라이브러리를 장악하고 있으며, 쿠다를 독점적으로 사용할 수 있는 인공지능 하드웨어 기술을 기반으로 시장을 독점하고 있다.

물론, 단순히 라이브러리의 지원만으로 하드웨어 시장을 독점하는 것은 아니다. A100, H100, B100 등 엔비디아에서 인공지능 가속을 위해 개발한 GPU들은 비록 전력은 많이 소모하지만, 단일 칩 기준 항상 최고 수준의 성능을 보여왔다. 예를 들어, 비슷한 시기에 발표된 구글 TPUv5p가 459테라플롭스, 사피온 X330이 368테라플롭스, 퓨리오사AI 레니게이드가 256테라플롭스의 16비트 부동소수점 연산 성능을 제공할 때, 엔비디아의 H100 GPU는 약 990테라플롭스의 압도적 성능을 보였다(전원, 2023). 그뿐 아니라, 엔비디아의 GPU는 SK하이닉스와 합작해 다른 NPU 대비 고성능의 HBM을 탑재할 수 있었다. 만약 다른 그룹의 NPU가 인공지능 학습과 추론 연산 성능에서 엔비디아의 GPU보다 이점이 있었다면, 소프트웨어 개발 록인을 깨고라도 다른 NPU가 많이 사용되었을 것이다.

실제로 쿠다가 다른 병렬 처리 라이브러리 대비 압도

적 인프라를 구축하고 있지만, 인공지능 프레임워크가 고도로 발달함에 따라 다른 도전자들에게도 기회가 생기고 있다.

인공지능 모델이 GPU에서 실행되는 과정을 간략히 묘사하면 다음과 같다. "인공지능 모델-프레임워크(파이토치, 텐서플로우 등)-쿠다 라이브러리(cuDNN, cuBLAS 등)-쿠다 커널-컴파일러-드라이버-GPU". 최근의 인공지능 프레임워크는 수준 높은 추상화를 제공하여 인공지능 모델을 설계하는 연구자가 쿠다 이하 레벨의 과정에 대한 지식이 없어도 모델을 설계하고 높은 병렬 성능을 제공할 수 있게 발전했다. 인공지능 시스템 반도체 개발의 도전자들은 파이토치 등의 프레임워크와 연동해서 자신들의 NPU가 실행될 수 있는 수준의 소프트웨어 개발 환경을 함께 제공하고 있다. 예를 들어, 대한민국의 리벨리온은 자체 인공지능 프로세서인 아이온(ION), 아톰(ATOM), 리벨(REBEL) 등을 개발하면서 파이토치, 텐서플로와 연동되어 실행될 수 있는 시각 인공지능과 언어 인공지능 모델 환경을 제공한다.

엔비디아가 고도로 발달한 인공지능 소프트웨어 개발 인프라와 압도적인 성능의 인공지능 하드웨어를 제공하고 있음에도, 많은 국가와 기업이 엔비디아 의존에서 벗어나고자 하는 노력이 계속되고 있으며, 여기에는 다음과 같은 이유가 있다.

첫째, 엔비디아 GPU를 포함한 인공지능 시스템 반도체가 단순한 컴퓨터 연산 장비를 넘어 국가의 전략자산으로 변모하고 있다. 이는 인공지능의 성능이 머지않은 미래, 국가의 경제력, 군사력, 기술력 등에 직접 영향을 미칠 것으로 예상되기 때문이다. 특히 초거대 인공지능과 미래에 등장할 인공 일반 지능에는 막대한 양의 연산 자원이 필요하며, 이는 곧 GPU와 같은 하드웨어 자원의 중요성을 더욱 강조하게 된다. 실제로, 미국은 2022년 10월부터 엔비디아의 A100과 H100을 중국에 수출할 수 없도록 제한하고 있다. 중국의 인공지능 기술 발전을 견제하고 중국 내 자체 초거대 인공지능이 학습되지 못하도록 제한한 것이다. 그러자 엔비디아는 해당 규제를 회피하는 저사양 칩 A800, H800을 별도로 제작하여 중국에 수출했고, 미국은 2023년 10월부터 해당 저사양 칩도 수출을 금지했다(박찬, 2024.1). 만약 미래에 일반 인공지능이 완성되고 그를 넘어선 초지능 개발의 단계에 도달한다면, 핵무기가 미 · 소 간 냉전을 위협했듯이 인공지능이 미 · 중 간 신냉전을 주도하게 될 수도 있다. 이는 많은 국가가 자체 기술로도 초거대 인공지능에 도달할 수 있는 기술력을 확보하는 것을 중요하게 만든다.

둘째, 코로나19 이후 몇 년간 겪은 반도체 물량 부족 사태가 앞으로도 반복될 가능성이 크다는 점을 들 수 있다(서필웅, 2024). 엔비디아와 같이 한정된 그룹에서 생산되는 인공지능 시스템 반도체의 공급이 수요를 따라가지 못하면 가격이 폭등하거나 구매 의사가 있어도 구매하지 못할 수 있다.

셋째, 반도체 공급이 아닌 초거대 인공지능의 서비스 측면에서도 외부 기술에 대한 지나친 의존을 벗어날 필요가 있다. 여러 분야에서 생산성 증대에 이바지하고 있는 챗GPT가 어떤 이유에서든 대한민국에서 갑자기 서비스가 중단되거나 너무 높은 사용료를 요구하는 때가 올 수 있다. 자체적인 거대 언어 모델을 구축하지 못한다면 그러한 상황에 대응하지 못하며, 지금보다 인공지능에 대한 의존도가 더욱 높아진 미래에 그런 상황이 발생한다면 여러 업무 분야의 생산성이 저하될 수 있다. 그뿐 아니라, 민감한 정보를 보호하기 위해서도 자체 인공지능 서비스가 필수인데, 우리가 챗GPT 등 인공지능 챗봇에 입력하는 정보는 모두 해당 서비스 업체에서 취득할 수 있기 때문이다.

마지막으로, 인공지능 시스템 반도체의 높은 시장성

이 있다. 엔비디아는 거대 언어 모델이 등장한 이후 놀라운 매출 성장을 보이고 있다. 2023년 약 81조 원의 총매출, 43조 원의 영업이익을 냈는데, 이는 2022년 대비 각각 126%, 311% 증가한 액수다(김상범, 2024). 개별 제품으로 보아도, GPU 1개에 5000만 원에 달하는 H100 GPU를 거대 언어 모델 학습을 진행하는 오픈AI, 메타 등의 기업에서 수만에서 수십만 개의 규모로 쓸어가고는 한다(박찬, 2024. 3). 그러다 보니 기존 시스템 반도체를 설계하던 그룹도, 설계하지 않던 그룹도 모두 뛰어들어 엔비디아의 독점에 도전장을 내밀고 있다.

구글은 일찍부터 개발해 온 TPU라는 이름의 NPU를 내세워 엔비디아로부터 어느 정도 독립적인 인공지능 데이터 센터를 구축하고 거대 인공지능 학습에 사용해 오고 있다. TPU는 2015년 발표된 1세대 TPU부터 2024년 6세대 TPU까지 지속해서 발전해 오고 있다.

구글은 TPU의 하드웨어 제품을 기업 또는 개인 사용자에게 판매하지 않고, 구글 자체 클라우드 컴퓨팅 서비스인 구글 클라우드(Google Cloud)에서 TPU를 사용할 수 있게 하고 있다. 구글은 인공지능 하드웨어뿐 아니라, 텐서플로우라는 강력한 인공지능 프레임워크 또한 보유하고 있다. 그뿐 아니라, 전 세계에서 가장 강력한 검색

엔진과 웹 데이터베이스를 기반으로 거대 인공지능 모델을 학습하는 조건을 두루 갖추고 있다. 위와 같은 배경을 기반으로 구글은 자체 개발한 멀티모달 인공지능이자 거대 언어 모델인 제미나이의 학습을 TPU 기반 데이터 센터에서 수행할 수 있었다.

구글의 TPU가 시장에 판매되지 않으므로 엔비디아 GPU에 대한 도전자로 보기 애매한 부분이 있다. 그럼에도 구글은 엔비디아의 영향력에서 비교적 자유롭게 자체 개발된 하드웨어, 소프트웨어, 인공지능 모델을 기반으로 초거대 인공지능 제미나이를 학습 · 서비스하고 있다. 이는 다른 기업에도 자체 인공지능 가속기 개발의 가능성을 보여 주는 사례로, 엔비디아 중심 생태계에 변화를 불러올 잠재력을 내포하고 있다.

AMD, 아마존(Amazon), 세레브라스(Cerebras), 그래프코어, 그록(groq), 인텔, 메타, 마이크로소프트, 테슬라, 텐스토렌트(tenstorrent), 화웨이(Huawei), 캠브리콘(Cambricon), 퓨리오사AI, 사피온, 리벨리온 등 국내외 수많은 기업에서 인공지능 반도체, 특히 거대 언어 모델의 학습을 목표로 하는 인공지능 시스템 반도체를 개발하여 엔비디아에 도전할 준비를 계속하고 있다.

모바일 시대의 개인화된 인공지능

초거대 인공지능은 뛰어난 성능과 범용성으로 주목받으며 다양한 분야에서 활용되고 있다. 앞서 인공지능 모델과 인공지능 반도체의 발전은 초거대 규모의 인공지능을 위주로 소개했다. 그러나 인공지능의 미래가 거대 규모 모델에만 국한된 것은 아니다.

스마트폰 모바일 환경과 같이 자원이 제한된 환경에서 효율적으로 작동하는 경량화된 인공지능 모델과 그를 계산하는 인공지능 반도체 역시 중요성이 높아지고 있다. 특히, 개인정보 보호와 보안에 대한 우려가 커짐에 따라 데이터를 외부로 전송하지 않고 모바일 기기 내부에서 직접 처리하는 온디바이스 인공지능(on-device AI)이 새로운 패러다임으로 떠오르고 있다. 초거대 인공지능을 위한 학습 환경에서는 엔비디아가 그 자리를 굳건히 지키고 있지만, 온디바이스 인공지능이 주목받기 시작함에 따라 인공지능 하드웨어 시장의 새로운 분야가 개척될 가능성이 있다.

거대 언어 모델로 복잡한 작업을 이해하고 수행할 수 있는 초거대 인공지능은 수천억 단위의 파라미터를 지녀 모바일 환경에서는 학습은커녕 추론 작업을 수행하는 것도 불가능하다. 따라서 기존 모바일 환경에서 언어 모델을 활용하려면 챗GPT 등의 앱에 사용자의 프롬프트를 입력하면, 입력 데이터를 중앙 서버나 클라우드로 전달하고 복잡한 계산은 해당 서버에서 모두 수행한 뒤, 출력 데이터를 다시 모바일 기기에서 전송받는 식으로 작동했다. 하지만 외부로 데이터가 전달되는 작동 방식은 보안 측면에서의 위험성에서 자유로울 수 없다.

특히, 데스크톱 등 업무를 위해 사용되는 환경과 비교하여 모바일 환경에서 수집되는 데이터는 우리의 일상생활과 밀접하게 연결된 민감한 데이터를 다량 포함할 수 있다. 사용자의 자세한 생활 패턴, 건강 정보, 금융 거래 내역, 위치 정보, 개인 사진 등의 정보가 외부 서버에 기록되는 것을 바라는 사람은 많지 않을 것이다.

하지만 역설적으로, 인공지능은 사용자의 생활 패턴을 분석해 각종 유용한 알람, 상품 추천 등을 해줄 수 있고, 건강 정보를 분석해 개인의 주치의가 되어 적합한 검진이나 운동을 추천할 수도 있으며, 금융 거래 내역을 분석해 사용자에게 적합한 적금 상품, 주식 투자를 제안할 수 있다. 또한 위치 정보를 기반으로 사용자의 취향에 맞는 주변 식당을 추천할 수 있으며, 개인 사진에서 지우고 싶은 사물을 지우거나 얼굴을 합성하는 등의 작업을 수행할 수 있다.

온디바이스 인공지능은 이처럼 인공지능에 유용하게 활용되어 사용자에게 더 나은 경험을 제공할 수 있지만, 외부로 유출되기에는 민감한 정보를 모바일 기기 자체로 처리할 수 있다.

삼성전자는 갤럭시 S24에서 세계 최초로 온디바이스 인공지능을 구현했고, 통화 내용을 실시간으로 텍스트로 인식하고 번역하거나 긴 글을 요약해 주고, 생성형 인공지능으로 사진을 편집하는 등의 인공지능 기능을 스마트폰 자체적으로 처리할 수 있게 되었다. 온디바이스 인공지능은 삼성전자의 엑시노스, 퀄컴의 스냅드래곤, 애플의 A 시리즈 등의 프로세서에 탑재되는 NPU들의 성능 향상으로 등장할 수 있었다고 볼 수 있다.

초거대 인공지능과 온디바이스 인공지능은 그 파라미터 규모의 차이만큼 언어 모델의 성능과 제공하는 기능의 차이가 매우 크다. 예를 들어, 구글 제미나이의 온디바이스 모델인 제미나이 나노(nano) 모델은 약 18억에서 32억 개의 파라미터를 갖는데, 이는 수천억 이상의 파라미터로 이루어진 거대 언어 모델과 비교하여 수백 배 작은 크기다.

이처럼 규모가 작은 인공지능은 사용자가 기대하는 수준의 글쓰기 능력, 그림 생성 능력 등을 충분히 제공하지 못할 수 있다. 그 성능과 규모의 틈을 메우면서도 민감한 정보를 보호하기 위해 개인화된 인공지능 서버를 가정에 두고 외부 모바일 기기에서 해당 서버에 접속하는 방법이 하나의 해결책이 될 수 있다. 개인화된 인공지능 서버를 가정에 두고 외부 모바일 기기에서 해당 서버에 접속하는 방법이 하나의 해결책이 될 수 있다.

한 개인 또는 가정이 사용하려는 목적으로, 데이터 센터 규모의 GPU 또는 NPU를 대량으로 설치하는 것은 불가능하겠지만, 고성능 GPU 한두 개를 포함하는 서버는 충분히 구현할 수 있다. 그러한 '중간 규모' 인공지능은 민감한 개인정보 또는 외부 유출이 불가능한 업무 관련 정보를 다루면서 사용자에게 여러 인공지능 서비스를 제공할 수 있으며, 모바일 환경을 넘어 집 안 내 가전 데이터를 관리하는 일종의 가정용 인공지능 중앙 허브로 기능할 수 있다.

아직은 인공지능 활용에 대한 인식과 인공지능 관련 개인정보를 보호하고자 하는 인식이 사회적으로 널리 퍼져 있다고 보기는 어렵다. 따라서 수백만 원 수준의 인공지능 서버가 가정에 보편적으로 보급되기에는 시기상조로 보인다. 하지만 미래에 인공지능 기술이 발전함에 따라 의존도가 높아지고 인공지능을 통한 정보 유출 사고가 발생하는 등의 계기로 인공지능에 대한 인식이 바뀔 수 있으며, 모바일 온디바이스 인공지능을 넘어선 개인화된 인공지능 서버의 시대가 시작될 수 있다. 그리고 현시점에 과열되고 있는 인공지능 하드웨어 개발 경쟁이 그 새로운 시장에 다양한 선택지를 제공할 것이다.

참고문헌

김상범(2024.2.22). AI로 쌓은 엔비디아 제국, '영업이익 10배' 날다. 경향신문, https://www.khan.co.kr/economy/economy-general/article/202402222122035

박찬(2024.1.15). 중국, 수출 규제 중에도 엔비디아 칩 구매…"완벽한 수출 차단 어려워". AI타임스, https://www.aitimes.com/news/articleView.html?idxno=156528

박찬(2024.3.13). 메타, '라마 3' 훈련용 GPU 클러스터 공개…"클러스터당 'H100' 2만5000개 투입". AI타임스, https://www.aitimes.com/news/articleView.html?idxno=157945

서필웅(2024.9.26). "AI 대중화로 반도체 품귀 현상 재발생할 수도". 세계일보, https://www.segye.com/newsView/20240926506095

전원·여준기(2023). 초거대 인공지능 프로세서 반도체 기술 개발 동향. ≪전자통신동향분석≫, 38권, 5호, 1~11.

Statista(2024). Nvidia revenue worldwide from fiscal year 2015 to 2024.

https://www.statista.com/statistics/988030/nvidia-revenue-worldwide/

10
인공지능 거대화의 지속 가능성

지금까지 인공지능은 계속 거대해지며 발전해 왔다. 그러한 추이가 지속될 수 있을지, 또한 필요한지를 생각해 본다. 아울러 인공지능 발전이 인류를 이끌고 도착할 미래를 생각해 볼 필요가 있다.

인공 일반 지능과 정렬 문제

거대 언어 모델과 멀티모달 인공지능 등 현시대에 빠른 속도로 발전하고 있는 초거대 인공지능은 단기적으로는 인간의 언어 체계에 대한 이해도를 더 높이고, 보고, 듣고, 말하는 등 인간이 세상과 상호작용하는 방법을 기계가 더 잘 이해할 수 있도록 만드는 데 목표를 두고 있다.

더 나아가, 중장기적으로는 특정 영역에 한정된 능력을 넘어서 사람이 할 수 있는 모든 영역의 지적 업무를 사람과 비슷한 수준으로 수행할 수 있는 일반 인공지능에 도달하는 것을, 이후에는 그 어떤 인류의 지능보다도 지능이 높은 인공 초지능(super intelligence)에 도달하는 것을 목표로 할 것이다.

현대 인공지능의 중심에는 트랜스포머 구조가 자리 잡고 있다. 트랜스포머 기반의 거대 언어 모델들은 놀라운 자연어 처리 성능을 기반으로 인간 수준에 가까운 언어 이해 · 생성 능력을 보여 주었다. 하지만 현재의 트랜스포머 기반 구조가 AGI로 발전할 수 있을지는 아직 명확하지 않다. 특히, 트랜스포머는 언어 모델의 성능을 높이려면 막대한 양의 학습 연산과 파라미터가 필요하며, 대부분은 적은 수의 파라미터보다 대규모 파라미터를 사용해서 성능이 더 좋은 언어 모델을 구축할 수 있었다.

그러나 파라미터 수를 계속 증가시키는 것만으로 AGI를 달성할 수 있을지는 여전히 논란의 여지가 있다. 1조의 파라미터를 100조 규모로 늘린다고 인공지능이 더 높은 지능을 갖게 되는지, 트랜스포머 구조가 지금보다 더 증가한 파라미터 또한 효과적으로 소화해 자신의 지능으로 만들 수 있을지 모르기 때문이다.

르넷을 개발하는 등 인공지능 연구의 선구자로 불리는 얀 르쿵이 대표적 트랜스포머 회의론자로, 그는 현재의 트랜스포머 구조가 거대 언어 모델에는 효과적일지 모르나, AGI에 도달하지는 못할 것이라고 주장하면서 JEPA(joint-embedding predictive architecture)와 같은 새로운 구조를 제안하기도 했다(Assaran, 2023). 이처럼 최전선의 인공지능 연구자들 사이에서도 트랜스포머의 효용성과 AGI의 구현 방식과 관련해서는 의견이 갈리지만, 대부분 동의하는 것은 아무리 보수적으로 잡아도 21세기 내에는 AGI가 완성될 것이라는 점이다.

영화 〈어벤져스: 에이지 오브 울트론〉에 등장한 울트론은 원래 인간을 보호하는 인공지능으로 만들어졌으나, 인터넷에서 순식간에 세상의 폭력적인 정보를 습득한 후 인간을 멸망시키려는 악당으로 변신하였다. 울트론뿐 아니라 수많은 공상 과학 창작물에서 인공지능은 종종 인류에 위협적인 존재로 묘사되곤 한다.

인공지능은 본질적으로 인간의 통제와 의도 내에서 작동해야 하지만, 비논리적이거나 예측할 수 없는 행동을 보일 가능성이 있다. 인간이 의도하지 않은 방식으로 목표를 재해석하거나 인간과는 다른 윤리적 판단을 내리는 것이 가능하므로, 인공지능의 행동 방향이 인간이 설정한 가치관과 같은 방향을 보도록 정렬하는 것이 매우 중요하며, 이러한 고민을 하는 것이 인공지능 정렬(alignment) 연구다.

실제로 챗GPT가 공개된 이후 프롬프트에 특정한 반복된 명령어를 계속 입력하는 등의 방식으로 챗GPT가 원래는 하지 못하도록 설정된 욕설, 차별적 발언 등을 할 수 있게 만드는 이른바 '탈옥'이 논란이 되기도 했다. 만약, 미래에 등장할 AGI 모델이 탈옥되어 인류의 보편적 가치관에 어긋나는 행동을 보인다면, 인류에 위협적인 인공지능은 창작물의 영역이 아니게 될 수 있다.

인공지능의 위험성과 정렬 문제 역시 인공지능 연구자들 간에도 상반된 주장이 있는 미지의 영역이라고 볼 수 있다. 앞서 소개한 르쿵과 함께 인공지능 연구의 대가인 앤드루 응(Andrew Ng)은 르쿵과 마찬가지로 인공지능 발전의 위험성은 매우 과장된 것이며, AGI가 등장하더라도 인류가 그를 통제할 능력이 있다고 주장한다(홍영재, 2024).

반대로, 제프리 힌턴(Geoffrey Hinton) 교수와 요슈아 벤지오(Yoshua Bengio) 교수는 인공지능이 역으로 인류를 통제하고 멸종 수준으로 이끌 것이라고 경고했으며, 오픈AI의 공동 창립자이자 GPT-4 설계를 이끈 일리야 수츠케버(Ilya Sutskever) 역시 안전한 초지능 구축의 중요성을 강조하며 오픈AI에서 퇴사한 뒤 SSI(Safe Superintelligence Inc.)를 설립했다(조슬기나, 2024; 박찬, 2024).

르쾽, 응, 힌튼, 벤지오, 수츠케버 등 전 세계 인공지능의 발전을 이끄는 연구자들조차 인공지능 발전의 미래에 대한 통일된 의견을 내놓지 못하고 있다. 이처럼 불확실한 기술 발전의 위험성에 대비하려고 대한민국에서도 최근 SSI와 같은 인공지능 안전연구소의 설립을 추진하고 있다(안세준, 2024). 해당 연구소는 당장에 딥페이크와 같은 생성형 인공지능이 사회에 미치는 위험 요소에 대응하는 방안을 연구하고, 장기적으로는 AGI 등 미래의 인공지능이 인류에게 안전하기 위한 방법은 무엇인지 등을 연구하는 것으로 예상된다.

지금까지의 인공지능 모델은 그 규모를 기하급수적으

로 늘리면서 성능을 개선할 수 있었다. 현시점의 거대 언어 모델 등 초거대 인공지능은 매우 제한된 기능을 제공하던 초기 시각, 언어 인공지능과 인간 수준의 범용적 지능을 갖춘 AGI 둘 사이의 어딘가에 있는 것처럼 보인다. 지금까지의 방법처럼 트랜스포머 구조를 기반으로 규모를 키워서 AGI에 도달할 수 있을지 또는 완전히 새로운 구조로 AGI에 도달할 수 있을지 그리고 그렇게 만들어진 AGI가 인류의 완전한 통제하에 있을지 AGI의 미래는 아직 불투명해 보인다. 그럼에도 우리는 기술의 발전이 불가피하다는 것을 직시하고 발전에 따른 긍정적 혜택과 잠재적 위험성을 인지하고 대응해야 한다. 특히, AGI와 같은 강력한 인공지능이 미래에 등장할 경우, 이는 특정 국가나 기관에 국한된 문제가 아니라 전 지구적 차원에서 다뤄져야 할 문제다. 인공지능 안전연구소의 설립은 이러한 글로벌 협력의 시작점이 될 수 있으며, AGI 시대의 안전성을 담보할 중요한 역할을 할 것이다.

초거대 인공지능과 환경 문제 그리고 미래

2024년 7월 개최된 SIGGRAPH 2024에서 엔비디아의 최고경영자(CEO) 젠슨 황과 메타의 CEO 마크 저커버그(Mark Zuckerberg)는 1시간가량 인공지능과 차세대 컴퓨팅 플랫폼에 관한 이야기를 나누었다(Zuckerberg, 2024). 그 대화에서 저커버그는 메타의 인공지능 데이터 센터가 약 60만 개의 엔비디아 H100 GPU를 보유하고 있다고 밝혔다. 메타의 거대 언어 모델인 LLaMA 3.1 405B 모델이 약 1만6000개의 H100을 이용해 학습되었다는 점을 생각해 보면, 이들이 학습하고자 하는 차세대 거대 언어 모델과 초거대 인공지능 모델의 규모와 그를 위해 준비하는 컴퓨팅 시스템이 얼마나 거대할지를 예상해 볼 수 있다. 그리고 이토록 거대한 인공지능 데이터 센터를 운영하는 데에 필요한 전력 소모의 문제를 예상해 볼 수 있다.

테슬라 CEO 일론 머스크(Elon Musk)는 인공지능의 발전이 변압기와 전력 공급으로 제약될 것으로 예상했다(한애란, 2024). 초거대 인공지능을 구동하는 데이터 센터는 기존 일반 데이터 센터보다 많은 전력과 높은 전력 밀도가 필요하다. 상대적으로 단순하게 검색한 데이터를 찾아서 제공해 주면 되는 기존 데이터 센터와 달리, 인공지능 데이터 센터는 사용자에게 필요한 데이터를 찾는 것을 넘어 대량의 연산이 있어야 하는 인공지능 모델의 추론 연산을 수행하여 새로운 데이터를 생성하고 제공해야 하기 때문이다.

거대 언어 모델의 가능성이 주목받기 시작하면서 초거대 인공지능에 관한 관심과 사용자가 폭발적으로 증가하고, 그에 맞춰 엔비디아의 인공지능 GPU가 유례없는 매출을 올려왔다. 그렇게 시장에 공급된 수많은 GPU가 실제 데이터 센터에 설치되고 사용자들의 수요를 맞추려 사용되기 시작하면서 이제는 전력 수요가 폭발적으로 증가한 것이다.

머스크의 발언은 미국뿐 아니라 대한민국에도 적용된다. 산업통상자원부와 국회입법조사처에 따르면, 2029년까지 예상되는 신규 데이터 센터를 포함한 총 데이터 센터의 수요 전력은 약 4만 9000메가와트이며, 이는 1기가와트급 발전기 53기를 추가로 건설해야 하는 전력 수치라고 한다(산업통상자원부, 2023; 유재국, 2024). 한빛, 한울 등의 원자력 발전소 내 각 발전기가 약 1기가와트의 설비 용량을 지닌다. 결국, 초거대 인공지능의 발전을 이어 가려면 데이터 센터 증설에 추가로 막대한 전력을 공급하는 발전기와 송전 시설을 대량으로 증설해야 한다. 그리고 이처럼 초거대 인공지능으로 증가하게 된 에너지 소모는 2024년의 세상을 인공지능과 다른 의미로 뜨겁게 달구고 있는 기후변화 문제와 직결된다.

초거대 인공지능은 이름에 걸맞게 발전 과정에서 인

류에게 많은 것을 요구한다. 지금껏 볼 수 없었던 고성능 시스템 반도체와 메모리 반도체 등의 하드웨어 기술, 전 세계 수많은 연구자가 투명하고 치열하게 경쟁하며 발전시키고 있는 소프트웨어 기술, 학습 환경을 구축하려면 필요한 막대한 자본력과 빅데이터, 막대한 전력을 공급하는 에너지 자원과 그로써 발생할 수 있는 환경 문제 그리고 기술의 발전으로부터 인류를 보호하는 윤리적·제도적 뒷받침 등 전 인류의 다양한 분야의 능력이 시험받고 있다. 심지어 그런 과정을 거쳐 나오게 될 미래의 AGI와 초지능이 인류에게 호의적이지 않을 수 있다는 위험성까지 제기되고 있다.

그럼에도 인공지능 기술은 유례가 없을 정도로 빠르게 발전해 왔으며, 새로운 가능성이 계속 발견되는 분야가 되었다. 최악의 경우, 어쩌면 인류는 도달 불가능한 AGI와 초지능에 모든 자원을 쏟아부으며 덤볐다가 패배하는, 막대한 자원 낭비를 하게 될지도 모른다. 반대로, 인류의 지능을 아득히 능가하는 초지능을 개발하고 그를 인류 발전에 활용하여 질병, 에너지 부족, 사회·정치적 갈등 등 인류가 안고 있는 모든 문제를 해결하고 더 높은 단계의 문명을 이룩할 수도 있다.

지능을 지닌 존재가 다른 인위적 지능을 만들 때, 본인보다 높은 지능을 갖게 만들 수 있을까? 인류의 지능 영향 밑에서 만들어진 학습 데이터를 기반으로 학습된 인공지능은 초지능에 이르기 어렵다고 생각한다. 하지만 지능은 사람과 비슷한 수준이지만, 모든 것을 기억하고, 1초를 마치 1년처럼 쓸 수 있으며, 쉬지 않고 일하는 존재가(AGI) 있다면, 그는 초지능에 다다르는 힌트가 될 수 있다. 이처럼 인공지능이 인류가 이해하지 못하는 영역에서 스스로 학습하며 기하급수적으로 발전하는 과정을 '지능 폭발'이라 하며, 이는 기술적 특이점이 될 수 있다. 공상 과학에나 나올법한 지능 폭발이 실제로 일어난다면, AGI가 개발되는 순간 초지능이 함께 탄생할 수도 있다.

전 세계 수많은 국가와 기업에서 막대한 자원을 투입하여 현세대의 인공지능을 AGI로 발전시키고자 하는 이유가 거기에 있다. 따라서 인류는 초지능의 가능성을 단순한 이론적 논의로만 치부할 수 없는 상황에 직면해 있다. 이에 따라 우리는 초지능의 탄생이 가져올 기회와 위험성을 끊임없이 고민하고 대비할 필요가 있다. 인공지능의 미래는 여전히 불확실하지만, 그 가능성과 영향력에 대한 이해를 바탕으로 안전하고 지속 가능한 방향으로 발전시켜야 한다는 점만은 분명하다.

참고문헌

박찬(2024.6.20). 알트먼 쫓아냈던 수츠케버, 'AI 안전' 전문 회사 설립. AI타임스, https://www.aitimes.com/news/articleView.html?idxno=160820

산업통상자원부 신산업분산에너지과(2023). 데이터센터 수도권 집중 완화 방안.

안세준(2024.5.22). 과기부 장관 "한국판 AI안전연구소, ETRI 내에 연내 설립". 아이뉴스24, https://www.inews24.com/view/1722475

유재국(2024). AI 혁명에 부응한 선제적 전력공급 · 전력망 확충 긴요: AI 데이터센터, 현 데이터센터 대비 6배 전력(power) 소비. 국회입법조사처 이슈와 논점, 2238호.

조슬기나(2024.1.2). [AI 신년인터뷰]제프리 힌턴 "인간 초월한 AI가 통제권 빼앗을 확률 50%". 아시아경제, https://www.asiae.co.kr/article/2023122605464852287

한애란(2024.4.11). "AI 발전 걸림돌은 전기 부족"… 전력망 확충 전세계 비상 [딥다이브]. 동아일보, https://www.donga.com/news/Economy/article/all/20240410/124417548/1

홍영재(2024.5.24). [단독] 앤드류 응 "AGI 수십 년 걸릴 것…위험성 과장돼". SBS 뉴스, https://news.sbs.co.kr/news/endPage.do?news_id=N1007659534

Assran, M., et al.(2023). Self-supervised learning from images with a joint-embedding predictive architecture. In Proceedings of the IEEE/CVF Conference on Computer Vision and Pattern Recognition, 15619~15629.

Zuckerberg, M. & Huang, J.(2024). AI and The Next Computing Platforms With Jensen Huang and Mark Zuckerberg, SIGGRAPH 2024, https://www.nvidia.com/ko-kr/on-demand/session/siggraph2024-fsc2/

전원

한국전자통신연구원 초거대AI반도체연구실의 선임연구원이다. 2014년 연세대학교 전기전자공학과에서 학사학위를 받고, 2021년에 "그래픽 처리 장치 메모리 시스템의 에너지 효율 향상을 위한 로우 버퍼 로컬리티 활용 기술 연구"로 박사학위를 받았다. 현재는 인공지능 프로세서의 아키텍처 설계, 인공 신경망 연산을 위한 부동소수점 연산기 구조 등의 연구를 수행하고 있으며, 과거에는 그래픽 처리 장치의 메모리 시스템, 프로세싱 인 메모리 등의 연구를 수행해 왔다. 『Advances in Computers: Hardware Accelerator Systems for Artificial Intelligence and Machine Learning』(공저, 2021)의 "Deep Learning with GPUs" 챕터를 작성했으며, "XEM: Tensor accelerator for AB21 supercomputing artificial intelligence processor"(2024) 등 14편의 학술 저널과 학술 대회에 논문을 발표했다.